FERNANDA RAQUEL OLIVEIRA LIMA

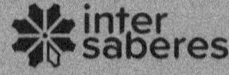

SÉRIE LÍNGUA PORTUGUESA EM FOCO

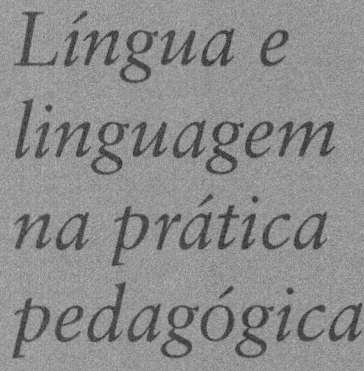

Língua e linguagem na prática pedagógica

2ª edição

Rua Clara Vendramin, 58 ♦ Mossunguê ♦ CEP 81200-170 ♦ Curitiba ♦ PR ♦ Brasil
Fone: (41) 2106-4170 ♦ www.intersaberes.com ♦ editora@intersaberes.com

Dr. Alexandre Coutinho Pagliarini;
Dr.ª Elena Godoy; Dr. Neri dos Santos e
M.ª Maria Lúcia Prado Sabatella ♦
conselho editorial

Lindsay Azambuja ♦ editora-chefe

Ariadne Nunes Wenger ♦ gerente editorial

Daniela Viroli Pereira Pinto ♦ assistente editorial

Caroline Rabelo Gomes ♦ edição de texto

Luana Machado Amaro ♦ design de capa

ArtKio e marekuliasz/Shutterstock ♦ imagens de capa

Raphael Bernadelli ♦ projeto gráfico

Regina Claudia Cruz Prestes ♦ iconografia

Dados Internacionais de Catalogação na Publicação (CIP)
(Câmara Brasileira do Livro, SP, Brasil)

Lima, Fernanda Raquel Oliveira
 Língua e linguagem na prática pedagógica / Fernanda Raquel Oliveira Lima. -- 2. ed. -- Curitiba, PR : InterSaberes, 2024. -- (Série língua portuguesa em foco)

 Bibliografia.
 ISBN 978-85-227-0934-2

 1. Língua e linguagem – Estudo e ensino 2. Prática pedagógica I. Título. II. Série.

23-184944   CDD-407

Índices para catálogo sistemático:
1. Línguas e linguagem : Estudo e ensino   407
Eliane de Freitas Leite – Bibliotecária – CRB 8/8415

1ª edição, 2014.
2ª edição, 2024.

Foi feito o depósito legal.

Informamos que é de inteira responsabilidade da autora a emissão de conceitos.

Nenhuma parte desta publicação poderá ser reproduzida por qualquer meio ou forma sem a prévia autorização da Editora InterSaberes.

A violação dos direitos autorais é crime estabelecido na Lei n. 9.610/1998 e punido pelo art. 184 do Código Penal.

sumário

apresentação, vii

como aproveitar ao máximo este livro, x

introdução, xiii

      um práticas sociais de uso da linguagem, 21
    dois oralidade e escrita, 47
    três gêneros textuais, 71
 quatro produção e circulação de textos escritos, 95
  cinco fatores de textualidade, 113
   seis língua padrão e variações linguísticas, 133
   sete gêneros acadêmicos: resumo, resenha, relatório e artigo científico, 165

considerações finais, 185

referências, 189

bibliografia comentada, 195

respostas, 197

sobre a autora, 199

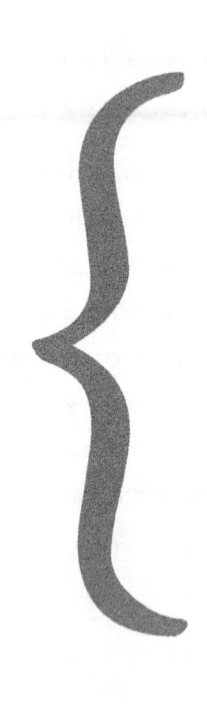

apresentação

❰ NO TRABALHO, E também em pesquisas, com ou sobre a formação docente em Letras, deparamo-nos com uma situação recorrente: professores recém-graduados que tiveram, durante o período acadêmico, discussões aprofundadas a respeito do ensino de língua materna sob o viés dos estudos linguísticos mais recentes, mas que repetem, em suas aulas, o ensino pautado na memorização estéril de regras gramaticais, com as justificativas de que não sabem aplicar as teorias estudadas, de que as escolas (ou a sociedade) não estão abertas para as novidades ou, ainda, de que o ensino de língua fundamentado nas práticas reais de uso da linguagem é muito trabalhoso e de que as aulas com essas abordagens demandam muito tempo de preparo. A análise de cada uma dessas justificativas renderia material suficiente para a produção de outro livro!

A mudança de postura exige conhecimento sólido da teoria para a posterior apropriação dos discursos e capacidade criativa para questionar, aprimorar e pensar a teoria nos diferentes contextos de sala de aula. Tal mudança requer, portanto, confiança no conhecimento teórico e liberdade para pensar além do que lhe é fornecido.

O próximo passo consiste na produção de material pedagógico, na reflexão sistemática da prática docente com base em uma nova forma de entender a linguagem. A principal dificuldade nos dias de hoje é o desenvolvimento da capacidade de pensar e criar livremente, sem repetir o que já está pronto. Para que isso seja possível, precisamos fortalecer nosso conhecimento teórico e, com base no que nos foi fornecido, criar novos caminhos. Segundo Tomasello (1999), a transmissão cultural cumulativa – que nos permite construir uma herança de todas as criações humanas com a possibilidade de sempre aprimorá-las e, assim, evoluirmos – é uma singularidade fundamental da espécie humana. As escolas são instituições criadas com o intuito de transmitir nossa herança.

Nesta obra, destinada aos alunos do curso de Letras do Centro Universitário Uninter, você encontrará uma base teórica linguística que visa proporcionar a possibilidade de aplicação desta teoria e também aguçar sua criatividade por meio das atividades reflexivas sobre os tópicos estudados. Ao final de cada capítulo, você encontrará questões dissertativas e de múltipla escolha. As questões de múltipla escolha são menos complexas e visam retomar os conceitos aprendidos no capítulo. As questões dissertativas, por sua vez, exigem reflexão e criatividade, pois pretendemos por meio delas integrar o conhecimento da teoria à prática profissional.

Liberte-se para criar e bons estudos!

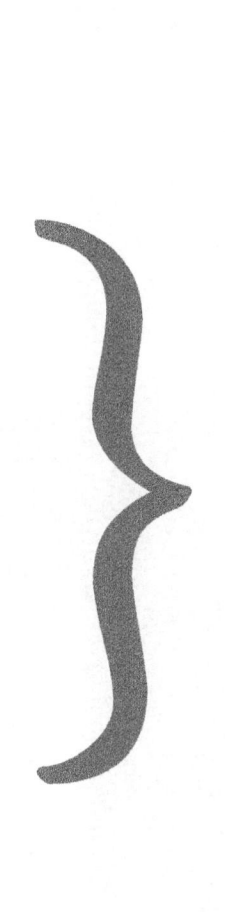

como aproveitar ao máximo este livro

Empregamos nesta obra recursos que visam enriquecer seu aprendizado, facilitar a compreensão dos conteúdos e tornar a leitura mais dinâmica. Conheça a seguir cada uma dessas ferramentas e saiba como elas estão distribuídas no decorrer deste livro para bem aproveitá-las.

INTRODUÇÃO DO CAPÍTULO
Logo na abertura do capítulo, informamos os temas de estudo e os objetivos de aprendizagem que serão nele abrangidos, fazendo considerações preliminares sobre as temáticas em foco.

SÍNTESE
Ao final de cada capítulo, relacionamos as principais informações nele abordadas a fim de que você avalie as conclusões a que chegou, confirmando-as ou redefinindo-as.

Atividades de autoavaliação

Apresentamos estas questões objetivas para que você verifique o grau de assimilação dos conceitos examinados, motivando-se a progredir em seus estudos.

Atividades de aprendizagem

Aqui apresentamos questões que aproximam conhecimentos teóricos e práticos a fim de que você analise criticamente determinado assunto.

Bibliografia comentada

Nesta seção, comentamos algumas obras de referência para o estudo dos temas examinados ao longo do livro.

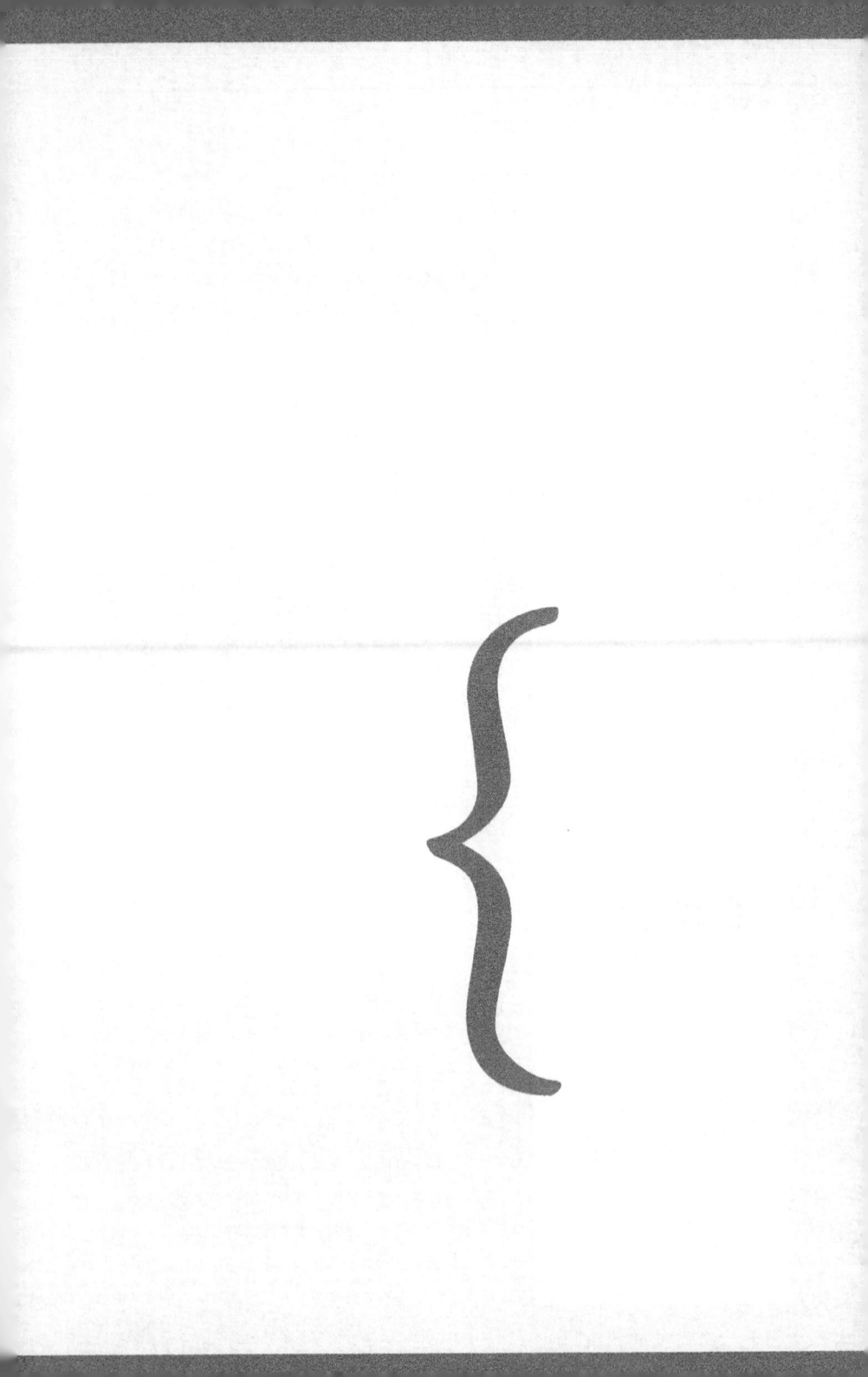

{

introdução

❰ NESTE MATERIAL PEDAGÓGICO, partimos da premissa fundamental da linguagem como forma de ação conjunta e social. A construção de um novo entendimento do conceito de *língua como ação* teve início na filosofia da linguagem, por meio das contribuições de Austin (1962) e Searle (1969). As teorias apresentadas por esses pesquisadores foram questionadas e reformuladas até chegarem ao entendimento que temos hoje: a linguagem humana como uma ação conjunta e social.

Austin (1962) partiu do pressuposto de que "todo dizer pode ser fazer", ou seja, da concepção de linguagem como ação, propondo uma análise das diferentes funções que os mais diversos enunciados assumem nas interações sociais. Inicialmente, ele distinguiu os enunciados entre performativos – aqueles criadores de um novo estado de coisas e avaliáveis segundo critérios de felicidade e infelicidade – e constativos – aqueles que descrevem ações e podem ser avaliados segundo critérios de verdade ou falsidade.

O aprofundamento na pesquisa fez Austin (1962) perceber que as fronteiras entre esses dois tipos de enunciados podem ser facilmente desfeitas, o que o levou a considerar os enunciados *constativos* como um tipo particular de performativos (primários), ou seja, um performativo para o qual falta a explicitação da ação que realiza e sujeito à verificabilidade, podendo ser, portanto, falsos ou verdadeiros. Por fim, o autor define os enunciados *performativos* (explícitos e primários) como atos de fala, ou seja, ações realizadas por meio de fala (desde que sejam enunciados pela pessoa adequada e na circunstância apropriada), caracterizando-os como a realização simultânea de um ato locutório, ilocutório e perlocutório. O autor expõe, ainda, em relação à realização de atos de fala, os conceitos de *força ilocutória* e *objetivo ilocutório* – a função assumida pelo enunciado na situação de uso e a intenção com que o enunciado é proferido, respectivamente.

Searle (1969), dando continuidade aos estudos de Austin (1962), propôs uma tipologia dos atos de fala com base na possibilidade de variação de três noções principais: força ilocutória, objetivo ilocutório e condições de sinceridade, sendo a segunda tomada como critério básico para a classificação dos atos de fala.

O filósofo americano apresenta ainda seis tipos diferentes de atos de fala: assertivos, diretivos, compromissivos, expressivos, declarativos e declarativos representativos (Gouveia, 1994, p. 392), os quais descrevemos a seguir:

1. Atos assertivos: Têm como objetivo relacionar o locutor com o valor de verdade do conteúdo proposicional.
2. Atos diretivos: São realizados pelo locutor na tentativa de que o alocutário realize um ato verbal que demonstre que ele reconheceu o conteúdo proposicional do enunciado.
3. Atos compromissivos: São atos comprometedores, ou seja, o locutor traz no conteúdo proposicional um comprometimento com uma ação que deverá realizar futuramente.
4. Atos expressivos: Exprimem o estado psicológico do locutor.
5. Atos declarativos: Têm o poder de criar ou mudar a realidade. São expressões verbais que o locutor pode realizar por possuir um *status* social reconhecido pelos alocutários.
6. Atos declarativos representativos: São um misto de atos declarativos e atos representativos, os quais podem criar ou não uma nova realidade, deixando o locutor responsável pelo valor de verdade do conteúdo proposicional. Nesse caso, não é necessário que haja um *status* social para realizá-lo.

Entre outras críticas possíveis à abordagem da teoria dos atos de fala, Koch e Lima (2005, p. 281) apontam duas que servirão de orientação para argumentarmos sobre o fato de o uso da linguagem ser mais do que ação – uma ação conjunta e social desenvolvida na interação. A primeira crítica diz respeito ao papel dos falantes na interação; a segunda, à consideração do contexto.

A abordagem de Searle (1969) faz uso do método introspectivo e da análise de sentenças isoladas, o que leva a uma subfocalização do papel do interlocutor na interpretação, colocando a intenção do autor no centro de toda tarefa interpretativa, e a uma desconsideração do cenário da interação.

Segundo Miranda (2002, p. 67), a função da intenção do sujeito no ato comunicativo é reconhecida na teoria dos atos de fala. No entanto, essa teoria posiciona à margem as questões relacionadas ao interlocutor e à cena da interação, lidando com um sujeito desvinculado da cena e de sua contraparte no ato conjunto da linguagem.

Dois autores têm papel fundamental na ampliação da concepção de *linguagem como ação*, com a inclusão do papel ativo do interlocutor no processo de interpretação e o entendimento da linguagem como um tipo de ação conjunta: Herbert H. Clark (1996) e Michael Tomasello (1999). Clark (1996, p. 49) considera que a língua é mais do que uma forma de ação, é uma forma de ação conjunta, na medida em que se trata de uma "ação levada a cabo por um grupo de pessoas agindo em coordenação uma com a outra". Para melhor explicar o que se entende por *ação conjunta*, o autor propõe que pensemos, metaforicamente, no uso da linguagem como "duas pessoas dançando uma valsa, remando em uma canoa, executando um dueto de piano ou fazendo amor" (Clark, 1996, p. 49). Em todas essas situações, os participantes coordenam suas ações individuais para constituir a ação conjunta. O que vale, portanto, na interação, não é somente a intenção do falante/escritor, mas o papel ativo do ouvinte/leitor no processo de significar para si o que o outro sinalizou por meio da linguagem. Ambos participam ativamente no processo de interpretação ao negociarem as significações possíveis no contexto da interação.

Para construir seu texto ou sua fala, o falante/escritor parte do que ele presume ser compartilhado com seu interlocutor. Dessa forma, ele age de acordo com os conhecimentos e as experiências que supõe partilhar com sua audiência. O ouvinte/leitor tem, portanto, papel fundamental tanto na constituição do discurso do falante/escritor quanto na interpretação e na negociação do sentido.

De acordo com Tomasello (1999), essa intrincada relação entre os interlocutores é fruto das cenas sociointeracionais de ação conjunta que permeiam os processos de aprendizagem das crianças desde o início de sua vida, constituindo uma característica peculiar à espécie humana. Conforme aponta o antropólogo, essas cenas são propiciadas pelo fato de o homem reconhecer o outro como um agente intencional – "um ser cujas estratégias comportamentais e de atenção são organizadas em função de metas" – e mental – "um ser com pensamentos e crenças que podem diferir do de outras pessoas bem como da realidade" (Tomasello, 1999, p. 19) – igual a ele próprio, o que o leva a agir em consonância com os estados intencionais do outro.

Nesse sentido, a linguagem, conforme a argumentação dos autores apresentados, é um tipo de ação conjunta, na qual o papel de todos os participantes é fundamental para que seja constituída. Porém, conforme anuncia Koch (2002, p. 23), a linguagem precisa ser entendida, ainda, como uma ação que, além de conjunta, é social, visto que

> *A simples incorporação dos interlocutores, porém, ainda não se mostrou suficiente, já que eles se movem no interior de um tabuleiro social, que tem suas convenções, suas normas de conduta, que lhes impõe condições, lhes estabelece deveres e lhe limita a liberdade. Além disso, toda e qualquer manifestação de linguagem ocorre no interior de determinada cultura, cujas tradições, cujos usos e costumes, cujas rotinas devem ser obedecidas e perpetuadas.*

Nesta obra, conceberemos a linguagem como uma forma de ação conjunta e social, o que, como veremos, apresenta inúmeros reflexos na pedagogia de língua materna.

Para que você, graduando em Letras, possa orientar seus estudos, organizamos este livro em sete capítulos.

No primeiro capítulo, "Práticas sociais de uso da linguagem", apresentaremos uma discussão teórica inicial a respeito dos conceitos de *letramento, alfabetização, oralidade, gêneros* e *tipos textuais*. O entendimento desses conceitos auxilia na reflexão sobre o ensino de língua materna pautado na tradição gramatical *versus* o ensino pautado nas práticas sociais de usos reais da linguagem. À luz dessa base teórica, passaremos à análise de propostas pedagógicas de ensino de língua.

No segundo capítulo, "Oralidade e escrita", vamos analisar os diferentes entendimentos das relações entre a fala e a escrita, bem como seus reflexos no cenário educacional da língua portuguesa. Na seção "Pensando a prática pedagógica", você vai encontrar propostas de atividades com os gêneros orais públicos e os gêneros escritos, em especial os gêneros *entrevista de emprego* e *currículo*.

No terceiro capítulo, "Gêneros textuais", apresentamos sucintamente algumas orientações teórico-metodológicas do interacionismo sociodiscursivo, em especial os trabalhos de Bronckart (1999), para definir o conceito de gêneros textuais e tipos textuais, e de Schneuwly e Dolz (2004), para definir as sequências didáticas. Na seção "Pensando a prática pedagógica", sugerimos um trabalho pedagógico com o gênero textual *exposição oral de trabalho*.

No quarto capítulo, "Produção e circulação de textos escritos", vamos trabalhar com os gêneros do agrupamento do argumentar para as séries iniciais do ensino fundamental.

No quinto capítulo, "Fatores de textualidade", vamos expor parte dos estudos da linguística textual sobre a natureza do texto e os fatores envolvidos em sua produção e recepção.

No sexto capítulo, "Língua padrão e variações linguísticas", estudaremos sobre o fenômeno da variação linguística, que se soma a todas as discussões já apresentadas nesta obra, e faremos uma reflexão da prática pedagógica fundamentada em uma proposta de trabalho que utiliza a história da língua portuguesa.

No sétimo e último capítulo, "Gêneros acadêmicos: resumo, resenha, relatório e artigo científico", vamos analisar algumas características dos gêneros acadêmicos, bem como estratégias para o desenvolvimento das habilidades necessárias à sua confecção.

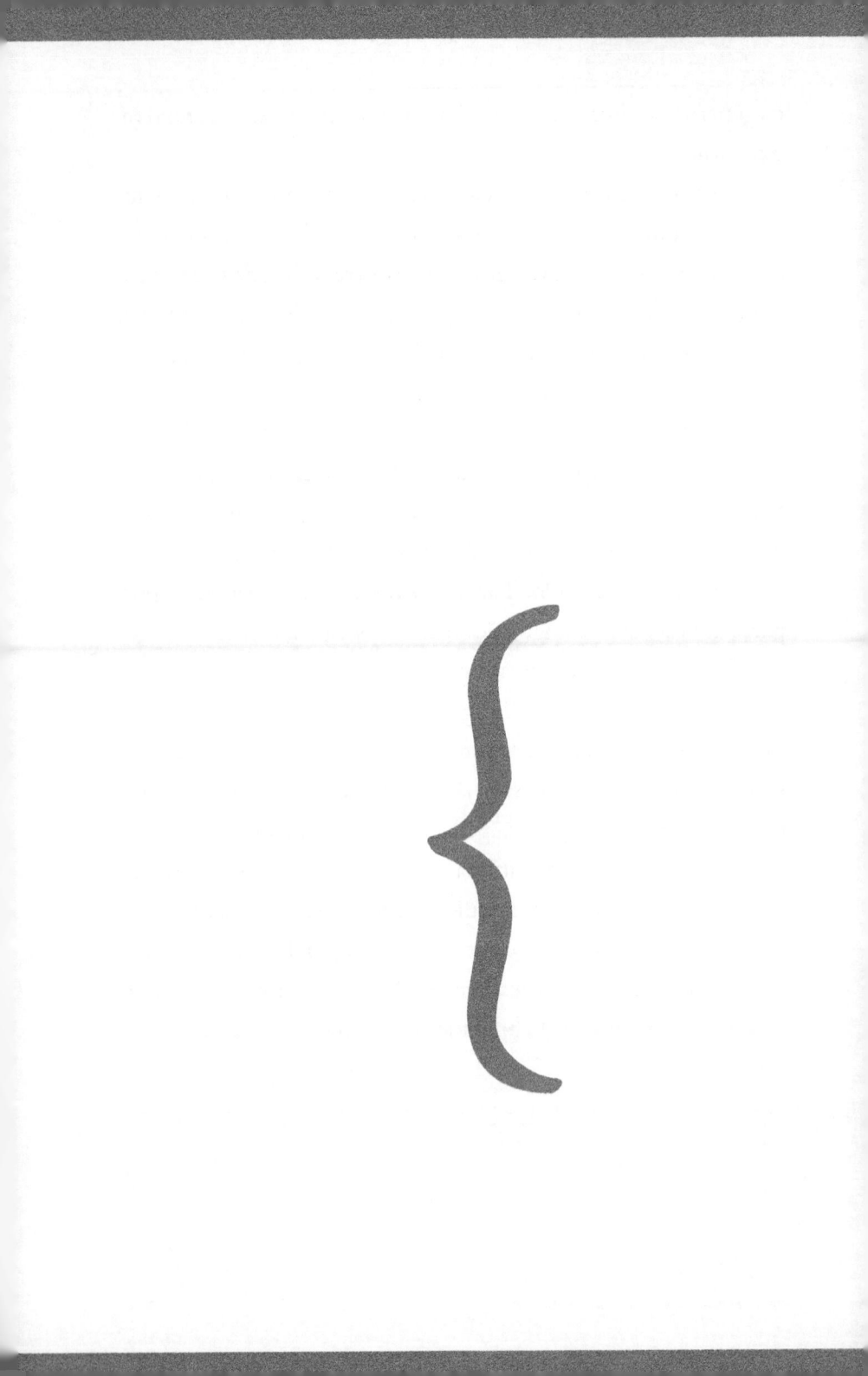

# um	práticas sociais de uso da linguagem
dois	oralidade e escrita
três	gêneros textuais
quatro	produção e circulação de textos escritos
cinco	fatores de textualidade
seis	língua padrão e variações linguísticas
sete	gêneros acadêmicos: resumo, resenha, relatório e artigo científico

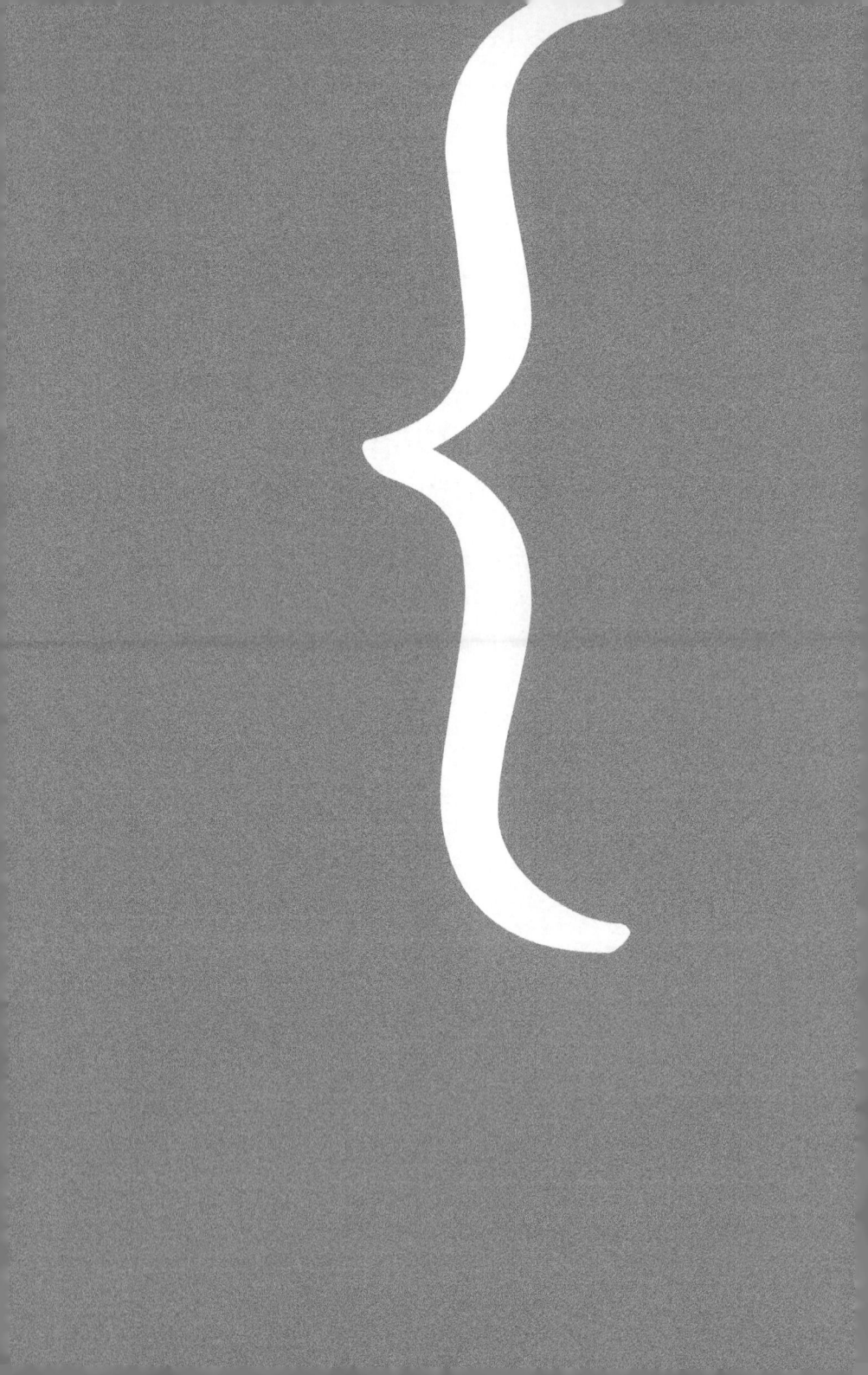

❰ NESTE CAPÍTULO, VOCÊ encontrará uma discussão teórica inicial a respeito dos conceitos de *letramento, alfabetização, oralidade, gêneros e tipos textuais*. O entendimento desses conceitos nos ajudará a refletir sobre o ensino de língua materna pautado na tradição gramatical *versus* o ensino pautado nas práticas sociais de usos reais da linguagem. A fundamentação teórica que veremos a seguir é baseada em Marcuschi (2001a), Street (1995) entre outros autores. Em seguida, passaremos à análise de propostas pedagógicas de ensino de língua.

Os conceitos de *oralidade*, *gêneros* e *tipos textuais* são fundamentais para a discussão linguística a respeito das práticas educacionais de língua, visto que auxiliam na reflexão de como ensinar a língua com base em práticas reais de uso da linguagem.

Esses conceitos serão retomados em outros capítulos da obra.

De acordo com Soares (2004, p. 7), "no Brasil os conceitos de letramento e alfabetização, se mesclam, se superpõem, frequentemente se confundem". Contudo, apesar da indissociabilidade desses fenômenos, eles apresentam suas especificidades e não há uma relação de causalidade entre eles.

> A alfabetização é a aprendizagem do código escrito com o objetivo de saber ler e escrever, enquanto que o letramento diz respeito à capacidade de fazer uso das práticas sociais de leitura e escrita presentes em uma sociedade.

Um indivíduo letrado não precisa ser, necessariamente, alfabetizado, uma vez que existem graus variados de letramento. De acordo com Marcushi (2001b, p. 25),

> pode ir desde uma apropriação mínima da escrita, tal como o indivíduo que é analfabeto, mas letrado na medida em que identifica o valor do dinheiro, identifica o ônibus que deve tomar, consegue fazer cálculos complexos, sabe distinguir as mercadorias pelas marcas etc., mas não escreve cartas nem lê jornal regularmente, até uma apropriação profunda, como no caso do indivíduo que desenvolve tratados de filosofia e matemática ou escreve romances.

Soares (1998) aborda a questão da adoção de uma concepção de letramento como processo ou como produto, bem como as implicações de um e de outro para a educação linguística. Segundo a autora, considerar o letramento como produto é entendê-lo como tendo apenas um grau a ser atingido pelas habilidades de leitura e escrita do sujeito. Formá-lo, por sua vez, como processo, é entender os diversos níveis que o fenômeno comporta, por isso fala-se em *letramentos*, no plural.

O letramento como processo reconhece que o falante está constantemente aprendendo as práticas sociais de uso da escrita, da leitura e da oralidade, uma vez que são muitas; além disso, com o advento das tecnologias, surgem novas práticas a fim de corresponder às necessidades diversas.

Figura 1.1 – Letramento

O conceito de *oralidade* envolve, assim como o de *letramento*, diversas práticas sociais de uso da linguagem, porém, nesse caso, trata-se especificamente daquelas práticas fundadas na realidade sonora, na fala. Os estudos linguísticos (Schneuwly; Dolz, 2004; Miranda, 2005; Lima, 2009) têm apontado para a importância de ampliar a concepção de ensino de língua para além do ensino da leitura e da escrita, devendo contemplar também as práticas de oralidade, principalmente aquelas que fazem parte dos domínios institucionais públicos, como o debate regrado, a palestra, a entrevista de emprego, a apresentação oral de trabalho etc.

Conforme orientam os Parâmetros Curriculares Nacionais (PCN) da Língua Portuguesa (Brasil, 1998, p. 25),

> nas inúmeras situações do exercício da cidadania que se colocam fora dos muros da escola – a busca de serviços, as tarefas profissionais, os encontros institucionalizados, a defesa de seus direitos e opiniões – os alunos serão avaliados [...] à medida que forem capazes de responder a diferentes exigências de fala e de adequação às características próprias de diferentes gêneros do oral.

No cenário atual, uma nova abordagem da didática de línguas, fundamentada nas discussões da linguística aplicada, bem como nos demais campos da linguística e nas áreas afins, e baseada na concepção de letramento e oralidade como processo, tem sido sugerida. Propõe-se, assim, que um currículo em espiral, orientado pela progressão dos gêneros textuais, seja adotado nas escolas. A noção de gênero textual é de fundamental importância para o tratamento da fala, da leitura e da escrita nas interações comunicativas, por reafirmar o caráter situado, cultural e histórico dos fenômenos da linguagem.

Dentro da teoria dos gêneros textuais podem ser encontradas diferentes definições sobre esses fenômenos, dada a variedade de discussões e premissas que subjazem às diferentes linhas teóricas. A noção de gênero que propomos neste livro é a apresentada por Marcuschi (2005b, p. 22): "usamos a expressão gênero textual [...] para referir os textos materializados que encontramos em nossa vida diária e que apresentam características sociocomunicativas definidas por conteúdos, propriedades funcionais, estilo e composição característica".

Os estudiosos da teoria dos gêneros (Bronckart, 1999; Schneuwly; Dolz, 2004) elegeram um dos aspectos que constituem e definem os gêneros e os tipos textuais para propor uma classificação destes que sirva de parâmetro para a aprendizagem nas aulas de língua. Apesar de esse aspecto constituir o critério escolhido para o agrupamento dos gêneros, os tipos textuais não são a única característica a ser estudada em um gênero. Há que se levar em consideração também os aspectos que extrapolam o puramente linguístico, como os composicionais, estilísticos e temáticos.

Os tipos textuais não são textos empíricos, são "construtos teóricos definidos por propriedades linguísticas intrínsecas" (Marcuschi, 2005b, p. 23) – tais como aspectos lexicais, sintáticos, tempos verbais e relações lógicas – encontrados no interior dos gêneros. Diferentemente dos gêneros textuais, os tipos textuais são limitados em algumas categorias que variam de teoria para teoria. Os mais comuns são: narrar/relatar, argumentar, expor, instruir/prescrever (Schneuwly; Dolz, 2004).

O ensino de língua fundamentado na teoria dos gêneros textuais deve ocorrer de maneira espiralada, calcado na progressão dos gêneros textuais. Trabalha-se com gêneros de diferentes agrupamentos (narrar/relatar, argumentar, expor, instruir/prescrever) em todas as séries escolares, respeitando graus de complexidade gradativos.

No entanto, nem sempre o ensino de língua foi pautado na concepção de *língua como prática social*. Ainda hoje, apesar dos esforços dos estudos linguísticos, podemos vislumbrar a força da tradição gramatical nas aulas de língua. Em linhas gerais, a pedagogia de língua materna pode ser descrita dentro de três vertentes: a pedagogia tradicional, a pedagogia progressista e a pedagogia do letramento com base nos gêneros textuais. Discorrer sobre os pontos que caracterizam tais pedagogias nos auxiliará no entendimento de um ensino de língua pautado nas práticas discursivas nas quais oralidade e escrita estão integradas, ou seja, um estudo da linguagem que leva em conta as situações específicas em que os falantes efetivamente utilizam a linguagem falada ou escrita como instrumento de interação, de reprodução e de transformação social.

A pedagogia de língua materna sustentada por um currículo tradicional tem por base teórica a longa tradição gramatical, logo, o ensino se pauta nas ideologias da gramática tradicional. A seguir, vamos retomar alguns pontos dessa tradição para compreender seus reflexos no ensino de língua.

Entre os séculos V e XIX d.C., ocorreu o que Auroux (1992) considerou a *segunda revolução técnico-linguística* (a primeira seria o advento da escrita): "o desenrolar de um processo único em seu gênero: a gramatização massiva, a partir de uma só tradição linguística inicial (a tradição greco-latina), das línguas do mundo" (Auroux, 1992, p. 35).

> O processo de gramatização consiste na instrumentalização e na descrição das diversas línguas por meio de duas tecnologias: a gramática e o dicionário. Embora tenha sido mérito dos gregos a constituição de uma doutrina gramatical, foi por intermédio dos gramáticos romanos que essa doutrina se incorporou à tradição ocidental.

A gramática latina serviu de modelo para muitos vernáculos europeus, e estes serviram de base para a gramatização de outras línguas, transmitindo, secundariamente, a latinidade que outrora lhes foi passada.

A homogeneização das gramáticas foi consequência inevitável desse enquadramento de todas as línguas no mesmo "modelo-fôrma" da gramática latina, fato que pode ser observado até os dias atuais nos conteúdos relativamente estáveis das gramáticas: ortografia, fonética/fonologia, partes do discurso, morfologia, sintaxe e figuras de construção.

A gramatização apresentou dois lados: ao mesmo tempo em que contribuiu para a preservação do patrimônio linguístico da humanidade ao evitar o linguicídio* – uma vez que contribuiu para a instrumentalização de diversos vernáculos –, elegeu um único uso da língua para descrição e instrumentalização.

Ao deparar-se com o fenômeno natural da variação linguística, o gramático optou por eleger um "bom uso" da língua para a tarefa de descrição. Dessa forma, deu-se uma redução da variação linguística a uma única variante registrada nos textos literários, a qual passa a representar a norma padrão, o uso "correto" da língua. Essa forma de conceber a gramática desconsidera e estigmatiza as outras variantes da língua, deturpa as diferenças entre fala e escrita e despreza os usos orais da linguagem.

O papel pedagógico da gramática, isto é, sua função de instrumento de acesso à cultura escrita, surgiu tardiamente. Com o desenvolvimento do sistema escolar, a gramática passou a ter uma função mais ampla (e normativa): de promover o acesso às línguas estrangeiras e mesmo à língua materna. As gramáticas assumiram, assim, o duplo papel de instrumento de descrição das línguas e material pedagógico para sua aprendizagem.

No Brasil, a tradição gramatical vem orientando o ensino de língua portuguesa há anos, o que tem resultado em sérios problemas, tais como: exclusão, pelo preconceito linguístico, dos alunos cujas variantes não se aproximam da norma padrão; redução do ensino de língua ao aprendizado de regras para o bom uso desta; perpetuação de crenças, mitos e preconceitos sobre a escrita; desconhecimento da importância da educação da oralidade; entre

---

* O termo *linguicídio* denomina o fenômeno de extinção de uma língua. A gramatização possibilitou a descrição de diferentes línguas, disponibilizando materiais para pesquisas, mesmo sobre algumas línguas que já não têm falantes nativos.

outros inúmeros problemas. Nessa perspectiva, o estudo gramatical nas escolas deixa de agir no sentido de ampliar a cultura de cada aluno para estigmatizar as diferenças linguísticas.

A pedagogia tradicional, portanto, pautada nas ideologias da gramática tradicional, desconsidera os contextos reais de uso da linguagem. Assim, ela institui uma língua correta e exclui os discursos que fogem ao modelo proposto como ideal. Tal pedagogia, como já observamos, mesmo diante de todas as pesquisas já desenvolvidas nos campos de estudos linguísticos, está ainda fortemente presente no cenário educacional brasileiro. O ensino permanece marcado de forma significativa pelo poder inquestionável da gramática tradicional na sociedade, o que o caracteriza pela transmissão de regras prescritivas, pelo controle social e por meio da atribuição total de culpa ao indivíduo pelo fracasso e pela transmissão de uma cultura fixa.

A pedagogia progressista, que surgiu em oposição à tradicional, escapou para o outro extremo de nenhuma sistematização de saberes. Para essa pedagogia, cuja palavra de ordem é *criatividade*, nenhuma imposição é aceita; todo o aprendizado da língua escrita deve se dar de acordo com as vontades dos aprendizes, fundamentado no que seja significativo e consoante com as experiências dos alunos. Nela, considera-se que o aprendizado da escrita deve acontecer de forma natural, em analogia ao aprendizado da fala. Contudo, a ideia de *letramento natural* não favorece àqueles que não pertencem à cultura letrada e por isso falam uma variedade distante da norma padrão. O que se observa, conforme assinala, de forma pertinente, o boletim pedagógico de língua portuguesa (Minas Gerais, 2001, p. 66), é que "ninguém voa sem asas. E asas se conquistam com o conhecimento (só subverte quem conhece!), com o convívio intenso e crítico com a oralidade, a escrita, a leitura e também com a gramática".

Os moldes da tradição gramatical traçaram em nossa sociedade uma concepção de educação linguística na qual não há o reconhecimento de que as práticas de letramento estão inseridas em um quadro social atuante. Por esse motivo, prevê-se a existência de uma única forma de letramento. Contudo, Street (1995) considera dois modelos de letramento: o autônomo e o ideológico. No modelo autônomo as práticas de uso da escrita são sustentadas pela compreensão de que existe uma única forma de o letramento ser desenvolvido. Para o autor esse modelo é decorrente do estudo do letramento focado unicamente nos seus aspectos técnico-formais, independente do contexto social (Street, 1995, p. 161).

Em contraposição ao modelo autônomo do letramento, Street (1995) apresenta o modelo ideológico – que corresponderia à pedagogia do letramento por meio dos gêneros textuais –, no qual as práticas de letramento e, contemporaneamente, também as práticas de oralidade, entendidas como plurais, são consideradas como estando situadas cultural, social e historicamente em relações de poder dentro de uma sociedade. Por isso, entende-se que as propriedades de fala e escrita só poderão emergir nos contextos e nas situações de uso da linguagem em estruturas culturais e de poder determinadas.

A proposta do letramento com base nos gêneros textuais é uma alternativa pedagógica inovadora por diversos motivos, conforme assinalam Cope e Kalantzis (1993). O primeiro deles, refere-se à possibilidade de diálogo, dentro dessa pedagogia, entre as múltiplas culturas dos alunos e o discurso escolar. A segunda razão que atribui a essa pedagogia um caráter inovador é a consideração das diferenças linguísticas e culturais existentes em uma sociedade. O terceiro motivo constitui uma mudança extremamente valorosa para a educação, que é a valorização do professor. Segundo Cope e Kalantzis (1993, p. 18, tradução nossa),

> o letramento através dos gêneros restabelece o papel do professor como profissional, como especialista em língua cujo estatuto no processo de aprendizagem é de autoridade, mas não de autoritarismo. O viés da pedagogia tradicional, por outro lado, tende a levá-lo através de um texto, uma aula e uma cultura autoritária. A tendência progressista tende a reduzir o professor ao papel de facilitador e gerente em nome da aprendizagem centrada no aluno, a qual torna relativo todos os discursos.

O quarto motivo inovador da teoria do letramento por meio dos gêneros diz respeito à possibilidade de integrar conhecimento recebido, experiência e teoria nos estudos linguísticos e metalinguísticos, diferentemente do currículo tradicional, que tem como ponto de partida as verdades epistemológicas absolutas, ou o currículo progressista, que parte unicamente da experiência do aluno.

No letramento por meio dos gêneros textuais, a gramática não é desconsiderada; é, antes, tratada como de relevante importância para o desenvolvimento linguístico. No entanto, não se trata de ensinar gramática nos moldes da gramática tradicional, mas de considerá-la como um "instrumento para levar os estudantes a terem consciência do que Vygotsky caracteriza como a transição de um pensamento complexo para um pensamento conceptual" (Cope; Kalantzis, 1993, p. 20, tradução nossa).

Por último, pode-se dizer que o trabalho com gêneros textuais nas aulas de língua significa o estudo da língua em seus diversos usos reais cotidianos, uma vez que qualquer interação linguística é feita em algum gênero textual. Dessa forma, o ensino linguístico garante que as observações a respeito da oralidade e do letramento ocorrerão baseadas nos seus usos autênticos do dia a dia, evitando o foco em gêneros que circulam unicamente no universo escolar e nos gêneros escritos.

Dentro desse novo enquadre teórico, que tem possibilitado a reflexão sobre uma pedagogia de língua materna bastante diferente das pedagogias tradicional e progressista, a concepção de língua adotada permite que a escrita seja trabalhada sob um prisma menos mítico e que a oralidade encontre seu espaço no ensino de língua. Sendo assim, a pedagogia do letramento por meio dos gêneros textuais amplia consideravelmente o conhecimento linguístico dos alunos.

umpontoum
Pensando a prática pedagógica

Nesta seção, simularemos atividades já muito utilizadas em aulas de língua portuguesa, objetivando que elas nos sirvam de material para reflexão a respeito da pedagogia de língua materna. Para realizar essas análises, tomaremos como base uma das teorias apresentadas na seção anterior: partiremos de uma concepção de ensino de língua pautada nas práticas sociais de uso da linguagem.

Imaginemos a seguinte situação: durante uma aula de Língua Portuguesa, o professor pretende trabalhar o modo verbal imperativo. Para isso, apresenta aos alunos o seguinte quadro:

QUADRO 1.1 – FORMAÇÃO DO MODO IMPERATIVO

Presente do indicativo	IMPERATIVO AFIRMATIVO	Presente do subjuntivo	IMPERATIVO NEGATIVO
Eu coloco	—	Eu coloque	—
Tu colocas	Coloca tu	Tu coloques	Não coloques
Ele coloca	Coloque você	Ele coloque	Não coloque
Nós colocamos	Coloquemos nós	Nós coloquemos	Não coloquemos
Vós colocais	Colocai vós	Vós coloqueis	Não coloqueis
Eles colocam	Coloquem vocês	Eles coloquem	Não coloquem

O professor apresenta explicações referentes ao conteúdo mostrado no quadro e passa atividades como a exemplificada a seguir:

> 1. Complete as frases conjugando os verbos no modo imperativo. Use os verbos e as pessoas indicadas entre parentesês:
>
> a._____ tudo como seus pais solicitaram. (fazer – vocês)
> b. Não _____ enquanto usa o celular. (dirigir – você)
> c. _____ os rios para que tenhamos água potável no futuro. (preservar – nós)
> d._____ agora e só _____ a pagar em janeiro. (comprar; começar – tu)

O discurso dos linguistas foi muitas vezes mal interpretado como significando a abolição do ensino de gramática. No entanto, a proposta de fazer com que os alunos alcancem um domínio consciente e eficiente das práticas sociais de linguagem, envolve, necessariamente, também a reflexão crítica dos aspectos gramaticais da língua, passando, portanto, pelo exercício metalinguístico. Todavia, pensemos de que maneira a explicação e o treinamento desarticulados dos usos reais da linguagem, tal como o exemplo dado, podem auxiliar os educandos no alcance da meta apresentada.

Frequentemente escutamos de nossos alunos a afirmação "Odeio português!". Como seria possível não gostar da língua que usamos todos os dias em nossas mais diversas formas de interação, das mais agradáveis, como namorar e conversar fiado, às mais chatas, como fazer uma reclamação ou ouvir as ofertas "imperdíveis" dos operadores de telemarketing? Ao ouvir tais expressões de sentimento com relação à língua portuguesa, recordamo-nos do poema de Carlos Drummond de Andrade "Aula de Português" (1974, p. 76), no qual o poeta revela a existência de duas línguas portuguesas: aquela "na ponta da língua,/tão fácil de falar/e de entender", e a outra, que o "Professor Carlos Góis, ele é quem sabe sabe."

Afinal, o "não gostar" dos alunos está direcionado para a gramática normativa, e não para a língua portuguesa, pois durante muito tempo o ensino de português se confundiu com a memorização estéril de regras gramaticais.

A pergunta é: Como trabalhar os aspectos gramaticais, tendo em mente o ensino de língua com base em práticas reais de uso da linguagem? A resposta imediata, a princípio, parece ser bastante simples (ou apenas curta): devemos propor atividades que agrupem o pensamento sobre as estratégias linguísticas, discursivas e ortográficas, de modo a garantir uma reflexão a respeito da diversidade de fenômenos que constitui o discurso real. Pensar tais projetos, contudo, demanda tempo e esforço, mas eles apresentam resultados animadores.

Para ensinar o modo imperativo, como no caso exemplificado, podemos aproveitar o momento em que estivermos trabalhando com os gêneros textuais do agrupamento instruir/prescrever (por exemplo, receitas, manuais de instrução, regras escolares, simpatias e regras do jogos). Ao trabalharmos com esses gêneros, podemos levar os alunos a perceberem que os verbos assumem algumas formas ao indicar uma ordem, um pedido ou uma súplica, ou seja, existem formas que servem para indicar prescrições. A intenção do falante/escritor é a de que o ouvinte/leitor aja ou pense de determinada maneira. Assim, os estudantes podem refletir sobre as estratégias que a língua nos oferece para atingir determinados objetivos nas interações sociais.

Nesse tipo de estudo, podemos aproveitar para trabalhar as outras formas de construção de regras, como o uso do infinitivo com valor de imperativo ("não dirigir alcoolizado", "não fumar neste local"); o uso de substantivos no lugar dos verbos, mantendo o valor imperativo ("Silêncio"); ou o uso de imagens (linguagem não verbal).

O exercício da reflexão metalinguística com base nos usos reais da língua permite tornar conscientes os mecanismos linguísticos que muitas vezes utilizamos automaticamente. Desse modo, a gramática passa de vilã – cuja utilidade, bem como a língua que ela teima em normatizar, são desconhecidas por todos – à auxiliar no desenvolvimento das habilidades no uso da linguagem. Portanto, juntamente com os demais aspectos que compõem um gênero textual, devemos propor o estudo dos aspectos linguísticos.

Síntese

Neste capítulo, você pôde conhecer melhor alguns conceitos que são essenciais à reflexão do ensino de língua materna e também refletir sobre o que é letramento, alfabetização, oralidade, gêneros e tipos textuais e, com base no entendimento desses conceitos, aprofundar sua compreensão sobre o ensino de língua pautado na tradição gramatical *versus* o ensino fundamentado nas práticas sociais de usos reais da linguagem, ou seja, nos gêneros textuais. A partir das questões apresentadas, você poderá refletir sobre a prática pedagógica e sua atuação em sala de aula.

Atividades de autoavaliação

1. Durante a correção de produções textuais de alunos do 5º ano do ensino fundamental, todos construíram textos coerentes com a proposta; reescreveram com as próprias palavras o conto "A festa no céu"; construíram sequências narrativas em uma ordem cronológica plausível, com início, meio e fim; apresentaram as personagens e inseriram falas utilizando corretamente o discurso direto. No entanto, apresentaram as seguintes dificuldades relativas à escrita das palavras: trocaram *p* por *b* e *f* por *v*; não segmentaram algumas construções ("começaruafalar"); escreveram exatamente como falam ("ne um violão" no lugar de "em um violão"); e cometeram erros ortográficos, como *crecer e *cançado. Ao analisar essas produções, uma professora disse: "São todos analfabetos ainda!".

   De acordo com os conceitos de alfabetização e letramento, como podemos avaliar a afirmação dessa professora?

   a. A professora está correta. Esses alunos chegaram ao 5º ano sem saber ler nem escrever e, portanto, podem ser considerados analfabetos.

   b. A professora está equivocada. Esses alunos de fato apresentam dificuldades de leitura e escrita que poderiam ter sido sanadas nas séries anteriores, contudo, não podem ser considerados analfabetos, pois conhecem a técnica de escrita alfabética, apesar das evidentes dificuldades com a ortografia correta das palavras e suas segmentações. Eles são letrados na medida em que conseguem contar uma história de maneira coesa e coerente, utilizando a linguagem escrita para o fim solicitado.

c. A professora está correta, pois as dificuldades de ortografia desqualificam totalmente a produção dos alunos.

d. A professora está equivocada, pois esses alunos são alfabetizados, porém não letrados.

2. Com base na concepção de língua como prática social, assinale a alternativa correta:

a. O ensino de língua portuguesa deve centrar-se no estudo da norma padrão, na sua modalidade escrita, com base nas prescrições da gramática normativa, uma vez que o aluno não domina o português correto.

b. O ensino de língua portuguesa deve ser orientado pelos diferentes gêneros textuais que circulam na vida em sociedade. Além de trabalhar as características que compõem o gênero, deve-se propor uma reflexão metalinguística com base na análise da língua nos contextos reais de uso.

c. Devem-se trabalhar apenas as variantes dos alunos como uma forma de valorizar a língua de suas comunidades.

d. Os alunos devem ter cadernos diferentes para as práticas de leitura, produção de texto e análise linguística, pois são aprendizados que são desenvolvidos separadamente.

3. Como trabalhar com o tempo verbal presente do indicativo, tendo em vista a concepção de língua como prática social?
   a. Deve-se listar alguns verbos e solicitar aos alunos que façam a conjugação destes com base em um modelo, escolhendo previamente pelo menos dois verbos de cada conjugação e os principais verbos irregulares.
   b. Deve-se propor exercícios para completar as lacunas com os verbos e as conjugações indicadas nos parênteses. Dessa forma, os alunos decoram mais facilmente a conjugação verbal.
   c. Deve-se propor que os alunos, diante do trabalho com notícias, por exemplo, separem as sequências narrativas descritas pelo autor. Em seguida, incentivá-los a refletir sobre o tempo verbal utilizado nessas sequências para que concluam quando e com que finalidade usamos o tempo passado e o tempo presente. É importante continuar o estudo sempre levando em consideração os usos reais da língua.
   d. Deve-se passar uma série de frases no tempo passado e solicitar aos alunos que as passem para o tempo presente do modo indicativo.

4. Sobre o ensino de língua pautado nos gêneros textuais, assinale a alternativa incorreta:
   a. O ensino de língua deve ser pautado na progressão dos gêneros textuais, ou seja, trabalham-se gêneros de diferentes agrupamentos em todas as séries escolares com graus variados de dificuldade.
   b. A noção de gênero textual é de fundamental importância para o tratamento da fala, da leitura e da escrita nas interações

comunicativas, por reafirmar o caráter situado, cultural e histórico dos fenômenos da linguagem.

c. O ensino de língua deve ser focado nos gêneros do domínio escolar, com exclusividade naqueles que fazem uso da variante padrão da língua na modalidade escrita.

d. Os alunos devem ser capazes de ler, compreender e produzir os mais variados gêneros textuais que são importantes para sua vida em sociedade.

5. Como trabalhar com os sinais de pontuação utilizados para representação da fala com base na pedagogia da língua materna pautada na progressão dos gêneros textuais?

a. O professor deve apresentar um quadro explicativo sobre os diferentes sinais de pontuação e suas respectivas funções. Em seguida, deve solicitar aos alunos que pontuem um texto em que foram retirados os sinais de pontuação.

b. O professor deve mostrar um texto narrativo com muitas falas representadas e deixar que os alunos descubram, aos poucos, como utilizar os sinais de pontuação.

c. O professor deve separar alguns textos do agrupamento do narrar. Após a leitura e a discussão sobre um dos textos, deve pedir aos alunos que reflitam sobre como as falas das personagens foram representadas e, em seguida, solicitar que preencham um quadro colocando as diferentes formas encontradas e os exemplos. O professor deve, ainda, discutir com os alunos as formas encontradas e dar continuidade ao trabalho, sempre tendo em vista os usos reais da linguagem.

d. Apenas com a leitura constante os alunos aprenderão a pontuar corretamente.

Atividades de aprendizagem

Questão para reflexão

Para refletir sobre o conceito de letramento e o ensino de língua, sugerimos que você assista aos vídeos: "Vida Maria" – disponível em: <https://www.youtube.com/watch?v=yFpoG_htum4> e "Ruca ler e reler" – disponível em: <http://www.youtube.com/watch?v=lQfrPY05s_I>. Observe as diferenças de eventos de letramento aos quais estão expostos os personagens e reflita sobre a necessidade de conhecer quem são os sujeitos reais da educação, pois saber quem é o aluno e de quais eventos de letramento ele participa é fundamental para o planejamento das aulas de língua materna.

Atividades aplicadas: prática

1. Neste primeiro capítulo, vimos que Soares (1998) apresenta uma discussão relevante sobre letramento como processo. Nesse sentido, estabeleça a distinção entre adotar uma concepção de letramento como produto e abordá-la como processo. Apresente, em sua argumentação, exemplos e sugestões de práticas de oralidade e escrita que possam ser desenvolvidas em sala de aula e que revelem uma visão ampliada do conceito de letramento.

2. Leia atentamente os textos a seguir e, apoiando-se neles, exponha seu ponto de vista sobre o ensino de língua portuguesa:

Texto 1

Como em todas as ciências, o valor humano da gramática, antes de ser didático e normativo, é formativo. Ele leva a mente a refletir sobre uma das criações mais importantes e mais humanamente vinculativas, de cuja constituição, de outro modo, nós não nos preocuparíamos mais do que com o mecanismo da circulação do sangue ou da respiração (pelo menos enquanto funcionam bem!). Contudo, a palavra é uma atividade consciente, e a adesão a um sistema linguístico diferente daquele a que poderíamos chamar natural, como aquisição de uma língua comum, é, em substância, um fato de ordem volitiva. A reflexão sobre a constituição e os valores desse sistema desenvolve e aperfeiçoa a consciência linguística que é também uma consciência estética, simultaneamente e por meio das análises das correlações e das oposições que constituem o seu caráter funcional, habitua a mente a descobrir no pensamento discursivo as formas que foram elevadas a uma função cognoscitiva mais alta no pensamento racional. (Pagliaro, 1969, p. 260)

Texto 2

A verdadeira gramática é um pré-requisito da fala. Mesmo para os indivíduos mais ignorantes, mesmo para as crianças pequenas, não há como falar sem teoria gramatical. Quem fala sabe a gramática da língua; por intuição, sem se dar conta, mas sabe. No fim da segunda infância, entre 6, 7 anos, a criança já introjetou essa gramática. Vai ela então à escola, onde é tradição "ensinar" a língua materna às crianças, como se estas dela nada soubessem, e com muita gramática. Inevitável a pergunta: para que gramática nas aulas de língua materna, pretendendo ensinar à criança aquilo que ela já sabe? Não seria mais racional usar esse saber prévio para exercitar e aperfeiçoar a capacidade comunicativa? Na verdade, a teoria gramatical na escola não traz nenhum proveito prático para a formação de falantes e escreventes habilidosos. Por mais rica e detalhada que seja, por mais que o professor se esforce, a teoria artificial (Gramática) sempre fica muito, muito aquém da teoria natural (gramática). (Luft, 1985, p. 87)

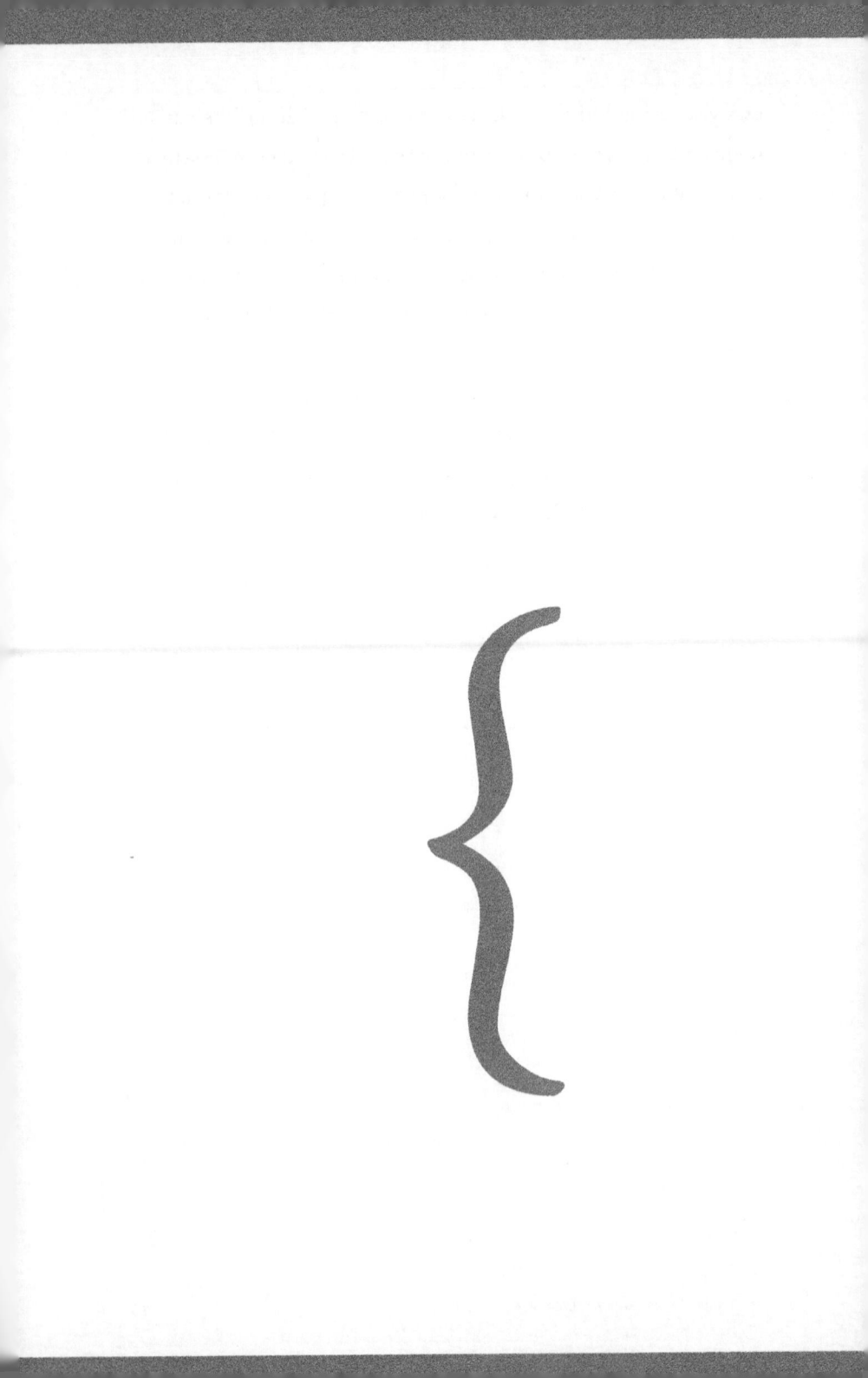

{

um	práticas sociais de uso da linguagem
# dois	**oralidade e escrita**
três	gêneros textuais
quatro	produção e circulação de textos escritos
cinco	fatores de textualidade
seis	língua padrão e variações linguísticas
sete	gêneros acadêmicos: resumo, resenha, relatório e artigo científico

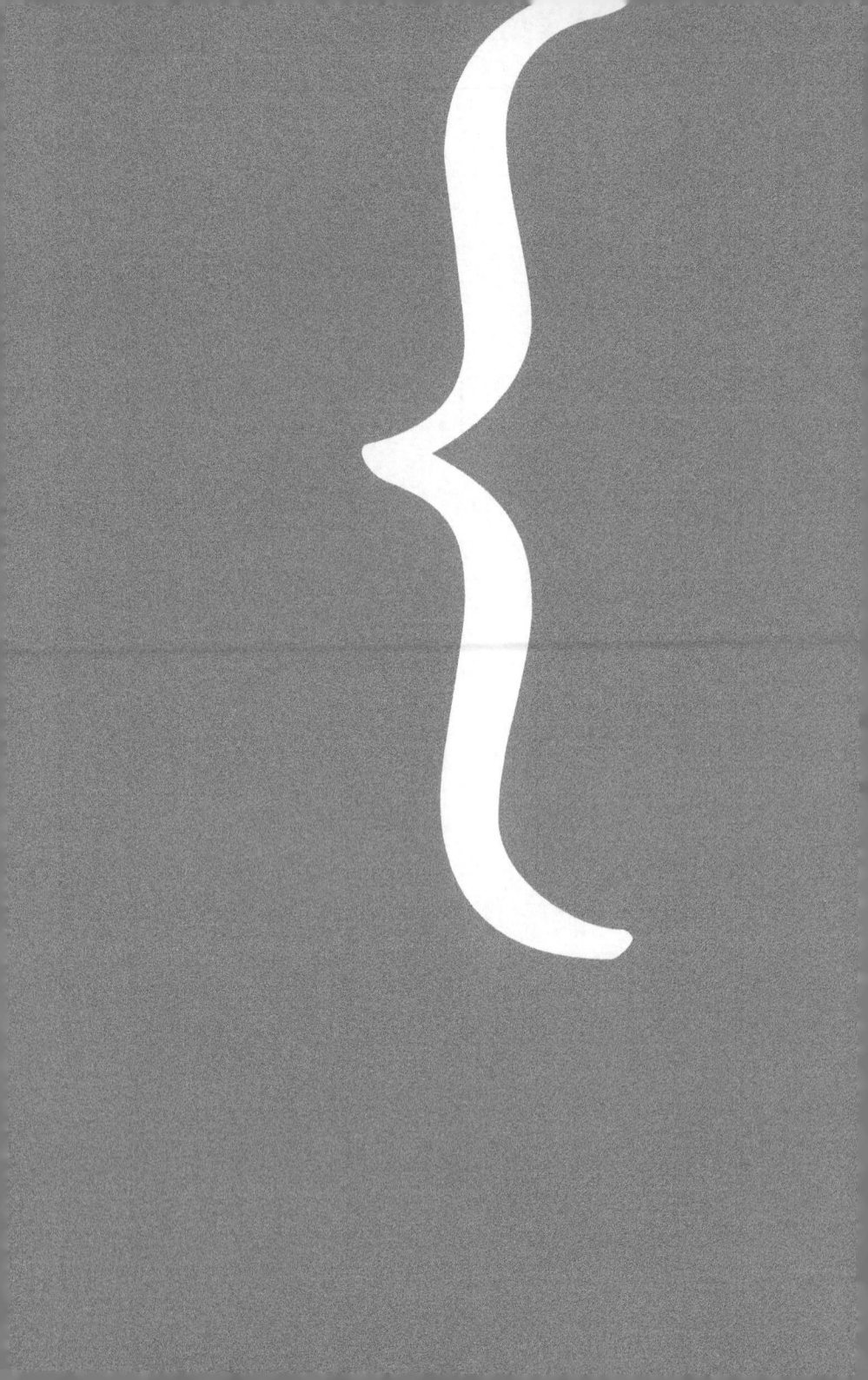

❰ DE UM MITO surgem outros mitos, que geram preconceitos criadores de novos mitos, que desencadeiam mitos e preconceitos (nem sempre outros, nem sempre novos). No início e fim deste círculo, encontram-se as práticas pedagógicas de ensino de língua, assimilando e perpetuando crenças e pressupostos. Esse círculo mítico e preconceituoso dá origem a práticas educacionais insatisfatórias, que contribuem para que a linguagem se constitua como "o arame farpado mais poderoso" (Gnerre, 1998, p. 22) para bloquear o acesso ao poder, à educação formal, à língua padrão e à informação, impedindo a valorização das identidades para perpetuar a separação social, entre outros entraves. Neste capítulo, iremos discutir os diferentes entendimentos das relações entre a oralidade e a escrita e seus reflexos no cenário educacional de língua portuguesa.

Marcuschi (2001b) destaca quatro perspectivas de análise das relações entre as duas modalidades de uso da língua que mapeiam a evolução dos estudos relativos à escrita. O autor inicia com duas tendências que atribuem um valor irreal à escrita, apresenta uma perspectiva que caminha para uma visão menos mítica e termina propondo uma visão totalmente reformulada e consciente das semelhanças e particularidades da fala e da escrita.

A primeira perspectiva, de maior tradição, é a que propõe uma visão dicotômica entre a fala e a escrita. Centrada na análise do código, leva-nos a uma separação estanque das modalidades da língua de uma forma mítica: a fala é entendida como o lugar do erro e do caos, enquanto a escrita, ao contrário, é o lugar do correto uso da linguagem.

Segundo Marcuschi (2001b, p. 27), "Esta perspectiva, na sua forma mais rigorosa e restritiva, tal como vista pelos gramáticos, deu origem ao prescritivismo de uma única norma linguística tida como padrão e que está representada na denominada norma culta" – daí a afirmação da relação dessa perspectiva com a gramática normativa. Ao fixar-se no código e desconsiderar os usos das duas modalidades, essa perspectiva ignora o fato de que as línguas variam e ocorre no erro das dicotomias estritas, ou seja, considera cada uma das variedades da língua fala e escrita – como sendo totalmente opostas.

Os resultados dessa visão dicotômica de língua nas salas de aula são práticas bastante conhecidas por alunos e professores: o ensino da língua "certa" em oposição à língua "errada" do aluno; o domínio linguístico equiparado ao domínio gramatical; o estudo exclusivo da linguagem escrita, em especial desta em seu estrito vínculo com a gramática tradicional; o descaso com o ensino da oralidade; entre outras práticas.

A segunda perspectiva faz considerações que a aproxima das pesquisas realizadas inicialmente pelas ciências sociais logo que surgiu o campo de estudos da escrita (atribuíam à escrita um papel importante no desenvolvimento cultural e cognitivo de um povo e supunham uma superioridade cultural com relação aos pré-alfabetizados e aos ocidentais devido ao acesso a ela). Para os adeptos, o aprendizado da escrita está relacionado ao avanço das capacidades cognitivas do falante. Os inconvenientes dessa forma de perceber fala e escrita advêm da atribuição de valores positivos à escrita como se estes lhe fossem imanentes.

A terceira perspectiva rompe com as caracterizações estanques da primeira (fala: contextualizada, dependente, implícita, não normatizada etc.; escrita: descontextualizada, autônoma, explícita, normatizada etc.), visto que percebe a existência do fenômeno da variação nas línguas e preocupa-se, portanto, com a consideração das variedades linguísticas distintas. Para Marcuschi (2001b), a crítica a essa perspectiva está no fato de se considerar fala e escrita como dois dialetos, e não como duas modalidades da língua.

A quarta e última perspectiva representa uma nova forma de conceber as duas modalidades. A proposta é a de que o entendimento das relações entre fala e escrita se dê por meio do contínuo tipológico dos gêneros textuais (práticas sociais de produção textual), enfatizando não mais o código (o sistema), mas os usos das duas modalidades. Assim, é possível observar que tanto a fala quanto a escrita variam, substituindo-se, dicotomias estritas por diferenciações graduais ou escalares. Dentro do contínuo proposto, os gêneros prototípicos da fala (conversação espontânea e conversa telefônica, por exemplo) se posicionam em uma extremidade, enquanto os gêneros prototípicos da escrita (artigo científico e texto acadêmico, por exemplo) se posicionam na outra extremidade. Aqueles posicionados no meio do contínuo apresentam características das duas modalidades, constituindo, pois, domínios mistos (notícia de TV e entrevista publicada em revistas, por exemplo), o que significa que apresentam características tanto da fala como da escrita.

Para essa perspectiva, caracterizada por Marcuschi (2001b) como *sociointeracionista*, nenhum critério imanente à fala e à escrita nem parâmetro linguístico algum são justificativas para os mitos da escrita, que são frutos exclusivamente de uma postura ideológica. No entanto, nossa cultura, ainda fortemente marcada pelas primeiras pesquisas que entendem língua escrita e falada como duas extremidades, permite que a prática pedagógica do ensino de língua permaneça sustentada por mitos e preconceitos resultantes de pensamentos errôneos sobre o real papel da escrita em uma sociedade.

A tradição de estudos fundamentados na supremacia da escrita é antiga e tem exigido muito empenho dos estudiosos da escrita, especificamente, e também dos estudiosos da linguagem como um todo, na superação de tantos mitos e preconceitos.

Ao longo da trajetória de estudos da escrita, acumulou-se uma vasta gama de pensamentos míticos sobre ela. Olson (1997) aponta seis crenças resultantes desse pensamento mítico:

1. escrever é transcrever a fala;
2. a escrita é superior em relação à fala;
3. o sistema de escrita alfabético é tecnologicamente superior aos demais;
4. a escrita é o órgão do progresso social;
5. a escrita é um instrumento de desenvolvimento cultural e científico;
6. a escrita é um instrumento de desenvolvimento cognitivo.

As pesquisas mais recentes no campo da linguística (segunda metade do século XX) dispensam muitos esforços na tentativa de refutar tais crenças, e para isso iniciam questionando-as e apresentando provas demonstrativas de que "nossas crenças [ocidentais] a respeito da escrita misturam fatos com suposições – são, na verdade, mitologia, uma visão seletiva dos fatos que não só justifica a pretensa superioridade dos letrados como atribui as falhas da sociedade, e do mundo, ao analfabetismo" (Olson, 1997, p. 19).

A primeira suposição, "escrever é transcrever a fala", deixa claro seu equívoco diante da existência do fenômeno denominado *variação linguística*. Sendo a existência desse fenômeno incontestável nas línguas naturais, torna-se necessário eleger uma variante para ser transcrita pela escrita para se considerar essa suposição verdadeira. No entanto, tal variante linguística não é produzida naturalmente por nenhum falante, tratando-se, portanto, da transcrição de uma língua falada artificial. Há a possibilidade de se falar um texto previamente escrito, por uma estratégia de planejamento da fala (conferências, palestras, telejornais etc.) ou por estratégias de ritualização (cerimônias religiosas, por exemplo), porém os padrões de organização das modalidades escrita e oral, nos diversos usos cotidianos destas, têm suas especificidades. O fato é, pois, que "Ela [a escrita] não é a fala: é uma tentativa de representação gráfica, pictórica e convencional da língua falada" (Bagno, 2004, p. 53-54).

A crença na superioridade da escrita, segundo pressuposto, é pautada na atribuição de valores positivos imanentes a essa modalidade da língua, como se a introdução dessa tecnologia em uma sociedade significasse um automático desenvolvimento cognitivo, social e linguístico para toda comunidade que tivesse acesso ao aprendizado.

A escrita, uma vez que está intimamente relacionada à norma padrão (e consequentemente à gramática tradicional), apresenta, aparentemente, uma variação mínima e carrega o prestígio social atrelado à linguagem tida como padrão em nossa sociedade. Já a fala, por deixar em evidência as marcas de identidade do falante (seu lugar de origem, sua idade, seu grau de escolaridade e seu sexo), é estigmatizadora e está associada à falta de regra, de planejamento e de normatização. Por essa falsa imagem construída e baseada exclusivamente no código linguístico, e não em seu uso, é que se atribui à escrita um *status* superior à fala.

Apenas cronologicamente, ou seja, em relação ao surgimento e do ponto de vista do que é natural ao ser humano, pode-se considerar a precedência da fala em relação à escrita e, o contrário, unicamente do ponto de vista do prestígio social. Linguisticamente, ambas são modalidades distintas de uso de uma língua e apresentam variação (de graus diferentes), de acordo com as necessidades exigidas em cada prática social de uso da linguagem.

Uma visão evolucionista da escrita dá origem ao terceiro pressuposto apresentado por Olson (1997), o da superioridade do sistema alfabético em relação aos demais sistemas de escrita: "Evolucionista porque opera a partir do pressuposto da existência de uma série linear de estágios na história da escrita, que, iniciando como símbolos 'pictográficos' e 'ideográficos', alcança o nível mais alto de abstração com a escrita alfabética" (Gnerre, 1998, p. 42).

No entanto, os diversos sistemas se diferenciam apenas na escolha de um ou outro aspecto da linguagem para basear a representação desta, de acordo com as necessidades particulares de cada língua. O sistema alfabético baseia-se no aspecto sonoro (fonético e fonológico), enquanto os ideogramas são fundamentados no significado, dada a maior pertinência desse aspecto para línguas monossilábicas e repletas de homófono, como é o caso do chinês e do japonês, por exemplo. Não há, portanto, uma relação de superioridade entre os sistemas, assim como não há valores positivos imanentes nem à escrita nem ao sistema alfabético.

O domínio da escrita, e consequentemente da norma padrão, tem sido ingenuamente associado ao processo de ascensão social dos indivíduos. O acesso à variedade padrão da língua em sua modalidade escrita é um direito dos cidadãos para a inclusão em uma sociedade em que a escrita é onipresente, e a norma padrão, detentora de um enorme prestígio social, é exigida em diversos contextos – apesar das discussões existentes a respeito da função desse "direito" em uma sociedade.

Alguns autores, como Olson (1997) e Gnerre (1998), argumentam que o acesso à escrita está relacionado a um maior controle social (dominação) do Estado sobre grande parte dos cidadãos. Lévi-Strauss (1957, p. 318-319) vai ainda mais longe ao concluir que o papel da escrita está relacionado à escravização dos sujeitos:

> *Se minha hipótese for exata, é preciso admitir que a função primária da comunicação escrita é facilitar a servidão. [...]*
>
> *Se a escrita não bastou para consolidar os conhecimentos, ela era talvez indispensável para fortalecer as dominações. [...] A luta contra o analfabetismo se confunde assim com o aumento do domínio dos cidadãos pelo Poder. Pois é preciso que todos saibam ler para que este último possa dizer: ninguém se escusa de cumprir a lei, alegando que não a conhece.*

Associar o direito do acesso ao aprendizado da leitura e da escrita à liberdade ou à dominação dos indivíduos é mais uma longa discussão que, apesar de não poder ser contemplada integralmente neste capítulo, não será descartada como um tópico irrelevante. A posição a ser defendida aqui é de que a entrada no "mundo do papel" constitui um direito cidadão, não se tratando de uma luta contra os analfabetos, mas da defesa dos direitos e da efetiva participação do cidadão em uma sociedade letrada.

O certo é que o aprendizado da escrita e da variedade padrão da língua não tem o poder mágico de promover a ascensão social de nenhuma pessoa. Muitos estudos (entre eles, Olson, 1997) já demonstraram que o desenvolvimento das sociedades, no que tange ao progresso da indústria e do comércio, ocorreu, em alguns casos, em momentos em que a maior parcela da população era analfabeta. Além disso, a ascensão social envolve outros fatores, tais como "o acesso à educação em seu sentido mais amplo, aos bens culturais, à saúde e à habitação, ao transporte de boa qualidade, à vida digna de cidadão merecedor de todo respeito" (Bagno, 2004, p. 71).

Da mesma forma que se atribui à escrita um papel fundamental para o progresso social, atribui-se a ela também a função de instrumento de desenvolvimento cultural e científico. Tal pressuposto é facilmente invalidado diante de um forte argumento: o pensamento filosófico, as epopeias, o alfabeto, a gramática, os jogos olímpicos, a rica mitologia, a democracia, enfim, toda a fabulosa cultura grega, desenvolveu-se principalmente em uma comunidade oral. Nessa comunidade, a escrita contribuiu mais para a preservação da cultura do que para a constituição dela.

No que diz respeito ao conhecimento científico, o erro é confundir o conteúdo com o meio de expressão, divulgação e apresentação desse conteúdo. Tanto o conhecimento (científico ou não) quanto a cultura podem ser, e muitas vezes são, transmitidos e criados oralmente ou ainda por meio de outros meios, como sinais, gestos, mímica e pantomima (linguagem dos surdos, Libras), figuras, gráficos etc.

A crença no importante papel da escrita para o desenvolvimento cognitivo dos falantes, assim como para o desenvolvimento científico, cultural, histórico, filosófico e literário, encontra apoio na tese de Ong (1997), quando este ressalta que apenas a escrita, mais especificamente o sistema alfabético, permite a representação das experiências e as operações de fixar, separar e abstrair pela linguagem. A escrita garantiria, assim, o desenvolvimento mental de seus usuários.

Street (1995) aponta três aspectos problemáticos nessa visão dicotômica entre o oral e o escrito, assumida por Ong (1997), da qual resultam os pressupostos relativos à escrita como instrumento de desenvolvimento cognitivo, cultural e científico. O primeiro aspecto, metodológico, diz respeito à utilização de uma metodologia dedutiva. Os problemas encontrados nessa forma de fazer pesquisa são os seguintes:

- A dificuldade de compreender outra cultura (nesse caso, cultura oral), tendo-se como parâmetro unicamente o conhecimento de uma cultura letrada.
- O não reconhecimento de que as culturas orais atuais apresentam um contato, mesmo que mínimo, com alguma forma de uso social da escrita.
- O não reconhecimento de que as sociedades orais contemporâneas são diferentes das culturas orais do passado.
- A compreensão diferenciada dos vestígios de oralidade em sociedades letradas e as marcas de letramento em sociedades orais.
- A não especificação dos beneficiados – alguns indivíduos ou toda a cultura – do progresso mental resultante do letramento.

O segundo problema apontado representa a maior fragilidade da tese de Ong (1997): a racionalidade, a objetividade e a abstração atribuídas às sociedades letradas sinalizam mais uma idealização da realidade do que uma pesquisa empírica.

Por fim, o terceiro aspecto, teórico, é problemático por basear-se em um modelo de comunicação centrado no código e que desconsidera, então, os contextos particulares de uso da linguagem. Todas as críticas apontadas por Street (1995) à tese de Ong (1997) demonstram que os pressupostos fundamentados na atribuição de características positivas intrínsecas à escrita não são empiricamente testados, logo, não representam uma visão consciente e real da tecnologia da escrita.

Desmistificar o campo do saber da escrita não significa negar sua importância e utilidade, mas sim colocá-la em seu real lugar, ao assumir um ponto de vista baseado em estudos conscientes do papel das práticas sociais de leitura e escrita em uma cultura.

doispontoum
Pensando a prática pedagógica

Nesta seção, você encontrará sugestões de atividades para o trabalho com os gêneros orais e escritos nas aulas de Língua Portuguesa, bem como uma argumentação relativa à questão do ensino da oralidade.

Conforme foi apresentado no primeiro capítulo, até a década de 1980, o ensino de língua portuguesa baseava-se nas propostas das pedagogias tradicional e progressista. Somente após os anos 1980 iniciou-se uma nova reflexão sobre o ensino de língua materna nas escolas brasileiras, motivada pelo florescimento de pesquisas nos campos da linguística e de outras áreas preocupadas com as questões educacionais.

As críticas aos modelos tradicional e progressista, bem como as novas propostas para o ensino de língua portuguesa, foram incorporadas por secretarias de educação estaduais e municipais, contribuindo para o estabelecimento de novos currículos e para a criação de cursos de formação e aperfeiçoamento de professores. A adoção das discussões contemporâneas sobre a linguagem pelos órgãos competentes municipais e estaduais resultou na formulação de documentos oficiais federais – os Parâmetros Curriculares Nacionais (PCN) –, que visam subsidiar discussões sobre currículo e práticas pedagógicas, planejamento de projetos educativos e aulas, análise de material didático e outros recursos, além de formação e atualização dos profissionais da educação. Os PCN constituem, portanto, um importante instrumento de divulgação das discussões travadas nas academias para todos os envolvidos no processo educativo.

Os PCN de Língua Portuguesa do terceiro e quarto ciclos do ensino fundamental expõem em seus objetivos não só as propostas de mudança no ensino de língua escrita – calcado na progressão dos gêneros textuais e com reflexões metalinguísticas bastante diferenciadas daquelas contempladas pela gramática tradicional –, mas também as propostas de inserção do estudo da linguagem oral nas aulas de língua portuguesa.

Nos termos do documento (Brasil, 1998), a modalidade oral da língua é utilizada nas salas de aula apenas como instrumento para o tratamento dos mais diversos conteúdos, para a interação dialogal durante as aulas, sem a contemplação de um estudo sistemático dos gêneros da oralidade. Isso porque se considera que o aluno "já dispõe de competência discursiva e linguística para comunicar-se em interações que envolvem relações sociais de seu dia a dia, inclusive as que se estabelecem em sua vida escolar" (Brasil, 1998, p. 24-25).

Certamente, o aluno já domina bem os usos privados da oralidade (bate-papo, conversa telefônica, "causo", piada etc.), nos quais faz uso de sua variante e dos padrões interacionais específicos do uso privado do oral. No entanto, existem diferentes gêneros orais institucionais públicos (palestra, aula, entrevista de emprego, conferência etc.) que fazem exigências diversas, como o uso da variante padrão, regras e padrões interacionais mais rígidos, papéis discursivos bem delimitados, hierarquia entre os participantes etc., cujo aprendizado (como agir, o que falar, quando falar, quando calar, qual variante usar, qual o grau de formalidade) implica um trabalho sistemático e rotineiro dos gêneros, o qual cabe, em especial, ao professor de Língua Portuguesa, mas é tarefa também de todo professor, "independente da área, ensinar [...] os procedimentos de que o aluno precisa dispor para acessar os conteúdos da disciplina que estuda" (Brasil, 1998, p. 32).

A preocupação com a inserção do ensino do uso oral público da linguagem é uma questão que está explícita nos PCN, contribuindo para que a crescente discussão sobre os pressupostos que subjazem ao ensino de língua passe da teoria para prática.

É certo que a transposição dos PCN para a prática pedagógica ainda se configura como mais um obstáculo a ser vencido, mas tal documento já se apresenta como um avanço ao legitimar as pesquisas desenvolvidas nos importantes centros de pesquisa brasileiros e internacionais, rompendo com uma prática educacional de tradição secular.

A educação da oralidade nos PCN de Língua Portuguesa prevê a inclusão do aprendizado dos gêneros orais institucionais públicos, importantes para as diferentes situações sociais do exercício da cidadania, e da necessidade de adequação da linguagem às inúmeras circunstâncias de uso, o que implica uma discussão preocupada sobre variação linguística. De acordo com o que é exposto nos PCN (Brasil, 1998, p. 31), a perpetuação de crenças preconceituosas sobre a linguagem levou a uma prática educacional de "mutilação cultural", que precisa urgentemente ser reparada por um estudo consciente do fenômeno da variação e a substituição da noção de erro pela noção de adequação às condições do contexto de produção.

A educação da oralidade deve contemplar a importante discussão relativa à variação linguística, mas não se limitar a essa tarefa. Educar para a oralidade implica discutir os padrões linguísticos e comportamentais que regem os diferentes gêneros orais institucionais públicos; implica, ainda, proporcionar aos alunos a vivência desses gêneros como uma forma de colocar em prática o aprendizado (frequentar teatros, cinemas e palestras, realizar apresentações orais de trabalho, sarais, debates etc.).

> É frequente a reclamação de professores com relação à incapacidade dos alunos de realizarem apresentações orais de trabalho, mas em nenhum momento são apresentados a esses alunos a constituição de tal gênero, quais são os papéis do apresentador e daqueles que estão assistindo e, mais ainda, como eles deveriam decidir que tipo de linguagem utilizar, visto que é imprescindível adequar a linguagem e ajustar o conteúdo a ser apresentado ao limite de tempo e aos espectadores; preparar o material para a apresentação; posicionar-se diante da turma, vestir-se de modo adequado para a apresentação e assim por diante.

Para nossa discussão sobre a prática pedagógica relativa às questões de língua escrita e língua falada, propomos o trabalho paralelo com os gêneros *entrevista de emprego* e *currículo* – bastante funcionais nas práticas sociais dos alunos no final do ensino fundamental ou já no ensino médio.

No gênero *currículo*, podemos trabalhar com os alunos o caráter argumentativo desse gênero textual, uma vez que o objetivo comunicativo é convencer de que você é o melhor candidato. Para atingir tal objetivo é necessário saber selecionar as principais informações de cada proposta de emprego. Uma estratégia de trabalho pode ser selecionar algumas vagas nos classificados de um jornal e identificar quais características são esperadas em cada vaga de emprego.

Outro ponto a ser trabalhado são os elementos constitutivos da organização interna do currículo, como identificação (nome, endereço, telefone, *e-mail* – vale refletir com os alunos sobre a importância de ter um *e-mail* profissional, que não pode ser caracterizado pela falta de formalidade, como por exemplo, "lindinha" ou "gatinho16"), formação (escolaridade) e experiência profissional. Para isso, é possível propor atividades como: produzir currículos com base em modelos (planejar a produção do currículo, reunindo informações pessoais antigas e recentes – por exemplo, escolaridade, experiências anteriores e cursos – e colocá-las em ordem cronológica); comparar currículos; revisar e editar os textos produzidos; examinar os recursos gráficos utilizados na formatação de currículos, entre outras atividades.

Devemos, ainda, trabalhar as novas formas utilizadas pelas empresas para cadastrar currículos, pois vivemos na era digital. Essa atividade pode ser desenvolvida por meio de uma visita ao *site* de uma empresa que cadastra virtualmente currículos. Nessa visita, os alunos simulariam o preenchimento do cadastro com base nos requisitos das vagas oferecidas.

O segundo passo que antecede a contratação do profissional é a *entrevista de emprego*. No estudo desse gênero, os alunos devem experimentar a vivência dos dois papéis sociais possíveis: o do entrevistado e o do entrevistador. Quando no papel do entrevistador, é necessário elaborar tarefas que levem o estudante a pensar sobre a importância de planejar previamente o tema da entrevista (o que se espera saber a respeito do entrevistado); de estabelecer um roteiro e elaborar as perguntas; de realizar um levantamento das informações sobre o entrevistado com base na leitura de seu currículo. Quando no papel do entrevistado, o aluno precisa ser orientado quanto à necessidade de estar preparado para a entrevista. Essa preparação pode ser feita por meio dos passos a seguir:

- pesquisar sobre a empresa que está contratando e sobre a vaga que está sendo oferecida;
- pensar sobre o possível roteiro da entrevista, simulando respostas a serem dadas; e
- refletir a respeito do que pretende, oferecer à empresa como profissional e qual imagem de si pretende construir.

Para isso, os alunos podem conversar para trocar impressões (se já participaram de entrevistas de emprego, relatar suas experiências etc). O professor também pode selecionar as experiências vividas para contar à turma, assistir a entrevistas gravadas e, junto com eles, simular algumas (escolher uma empresa real, designar os alunos que serão entrevistados, aqueles que serão entrevistadores e discutir o que se espera no desenvolvimento de cada papel).

Nesse trabalho com o gênero *entrevista de emprego*, cabem, ainda, atividades de transcrição de entrevistas gravadas para a realização de análise da linguagem utilizada e exercícios de re-textualização. Outra sugestão seria gravar e transcrever algumas simulações das quais os alunos participaram como forma de avaliar a linguagem utilizada no contexto de produção em questão. Com as transcrições, podemos aproveitar para estudar o emprego de palavras ou expressões que funcionam como modalizadores e que são utilizadas para atenuar críticas, proibições ou ordens ao ouvinte (exemplos: *talvez*; *é possível*; *seria necessário*; *por favor*) além de estudar o emprego dos operadores argumentativos.

Síntese

Neste capítulo, você pôde observar que as relações entre as variedades da língua, fala e escrita já foram entendidas de diferentes maneiras pelos estudiosos, o que resultou em formas variadas de ensino de língua, e que algumas formas de entender a fala e a escrita desencadearam mitos e preconceitos que ainda subjazem às práticas educacionais. Além disso, abordamos uma forma alternativa de entender as relações entre o oral e o escrito (o contínuo tipológico dos gêneros textuais) que nos possibilita ações diferentes no cenário educacional de língua portuguesa. Verificamos também que existem alguns mitos e preconceitos linguísticos extremamentes arraigados em nossa cultura, o que requer um grande esforço dos professores para a mudança de mentalidade com relação ao real papel da língua escrita em uma sociedade. Em razão disso, é indispensável conhecer os diferentes estudos e suas variadas formas de reflexo no ensino linguístico, a fim de assumir uma postura profissional crítica.

Atividades de autoavaliação

1. Considerando as relações entre a fala e a escrita, analise as afirmações a seguir e marque VD para visão dicotômica e VC para visão sociointeracionista:

( ) A fala é entendida como o "lugar" do erro e do caos, enquanto a escrita, ao contrário, é o "lugar" do correto uso da linguagem.

( ) Os resultados dessa visão nas salas de aula de língua são: ensino da língua "certa" em oposição à língua "errada" do aluno; domínio linguístico equiparado ao domínio gramatical; estudo exclusivo da linguagem escrita, em especial desta em seu estrito vínculo com a gramática tradicional; e descaso com o ensino da oralidade.

( ) A proposta é que o entendimento das relações entre fala e escrita se dê por meio do contínuo tipológico dos gêneros textuais. Dentro do contínuo proposto, os gêneros prototípicos da fala (conversação espontânea e conversa telefônica, por exemplo) se posicionam em uma extremidade, enquanto os gêneros prototípicos da escrita (artigo científico e texto acadêmico, por exemplo) se posicionam na outra extremidade. Aqueles posicionados no meio do contínuo apresentam características das duas modalidades, constituindo, pois, domínios mistos (notícia de TV e entrevista publicada em revistas, por exemplo), o que significa dizer que apresentam características tanto da fala quanto da escrita.

( ) Ensino tanto dos gêneros escritos quanto dos gêneros orais formais nas aulas de língua.

Assinale a alternativa que corresponde à sequência correta:

a. VD, VD, VS, VD.
b. VD, VD, VS, VS.
c. VS, VD, VS, VD.
d. VS, VS, VD, VD.

2. Assinale a alternativa que não representa um mito relativo à modalidade escrita da língua:

a. Tanto a fala quanto a escrita variam.
b. A escrita é superior em relação à fala.

c. A escrita é o órgão do progresso social.
d. A escrita é um instrumento de desenvolvimento cultural, científico e cognitivo.

3. O ensino da oralidade refere-se:
a. ao estudo das variantes linguísticas, dando ênfase à variante padrão.
b. ao estudo das variantes linguísticas e dos gêneros orais formais, como a entrevista de emprego, a palestra, a exposição oral de trabalho e o debate.
c. à aplicação de conceitos e teorias dispensáveis, pois o conhecimento da oralidade é adquirido naturalmente, devendo a escola ater-se aos gêneros escritos.
d. à liberdade de fluência verbal, ou seja, a criança falar livremente nas aulas de língua para que desenvolva suas habilidades orais.

4. Marque V para as sentenças verdadeiras e F para as falsas:
( ) Fala e escrita são práticas discursivas que não competem entre si, mas se complementam e são utilizadas harmonicamente no dia a dia, visto que se tratam de representações da língua: representação gráfica (escrita) e representação fônica (fala).
( ) A escrita é superior à fala, mesmo sendo mais recente.
( ) A oralidade não é objeto de ensino formal, uma vez que é desregrada, não passível de estudo.
( ) A oralidade traz marcas da individualidade do falante (sexo, escolaridade, origem geográfica, idade, classe social etc.), daí ser fonte de tantos preconceitos linguísticos.

Marque a sequência correta:
a. F, V, V, V.
b. V, F, F, V.
c. V, F, V, F.
d. F, F, V, V.

5. No que diz respeito ao ensino de língua materna, a escola deve ensinar:
a. a oralidade, pois os falantes não conhecem a língua falada e fazem usos errados dela.
b. os usos orais e escritos mais formais da língua. Portanto, os gêneros textuais mais necessários à vida cotidiana que não são aprendidos espontaneamente.
c. o conjunto de regras gramaticais prescritivas.
d. apenas os usos escritos, dando ênfase ao aprendizado da ortografia da língua.

Atividades de aprendizagem

Questão para reflexão

Para refletir a respeito das relações entre o oral e o escrito, assista aos vídeos "Fala e escrita parte 1" (disponível em: <http://www.youtube.com/watch?v=XOzoVHyiDew>); "Fala e escrita parte 2" (disponível em: <https://www.youtube.com/watch?v=6y9xK-9bbcw>) e "Fala e escrita parte 3" (disponível em: <http://www.youtube.com/watch?v=UqSfGyR1ERA>). Com base na leitura deste capítulo e das informações obtidas nos vídeos, procure se questionar a respeito da forma como aprendeu língua portuguesa na escola e a concepção de linguagem que embasava as aulas. Pense também em como preparar suas aulas, agora como professor, buscando desconstruir os mitos e preconceitos em torno das modalidades da língua.

Atividade aplicada: prática

1. Em uma conversa na sala de professores, uma professora faz a seguinte afirmação: "Menino já sabe falar, vai para a escola aprender a ler e escrever" (Miranda, 2005, p. 165). Construa uma argumentação que poderia ser utilizada para demonstrar o equívoco dessa afirmação. Lembre de mencionar exemplos de como desenvolver um trabalho sistemático com os gêneros da oralidade em sala de aula.

um   práticas sociais de uso da linguagem
dois   oralidade e escrita
três gêneros textuais
quatro produção e circulação de textos escritos
cinco fatores de textualidade
seis   língua padrão e variações linguísticas
sete   gêneros acadêmicos: resumo, resenha, relatório e artigo científico

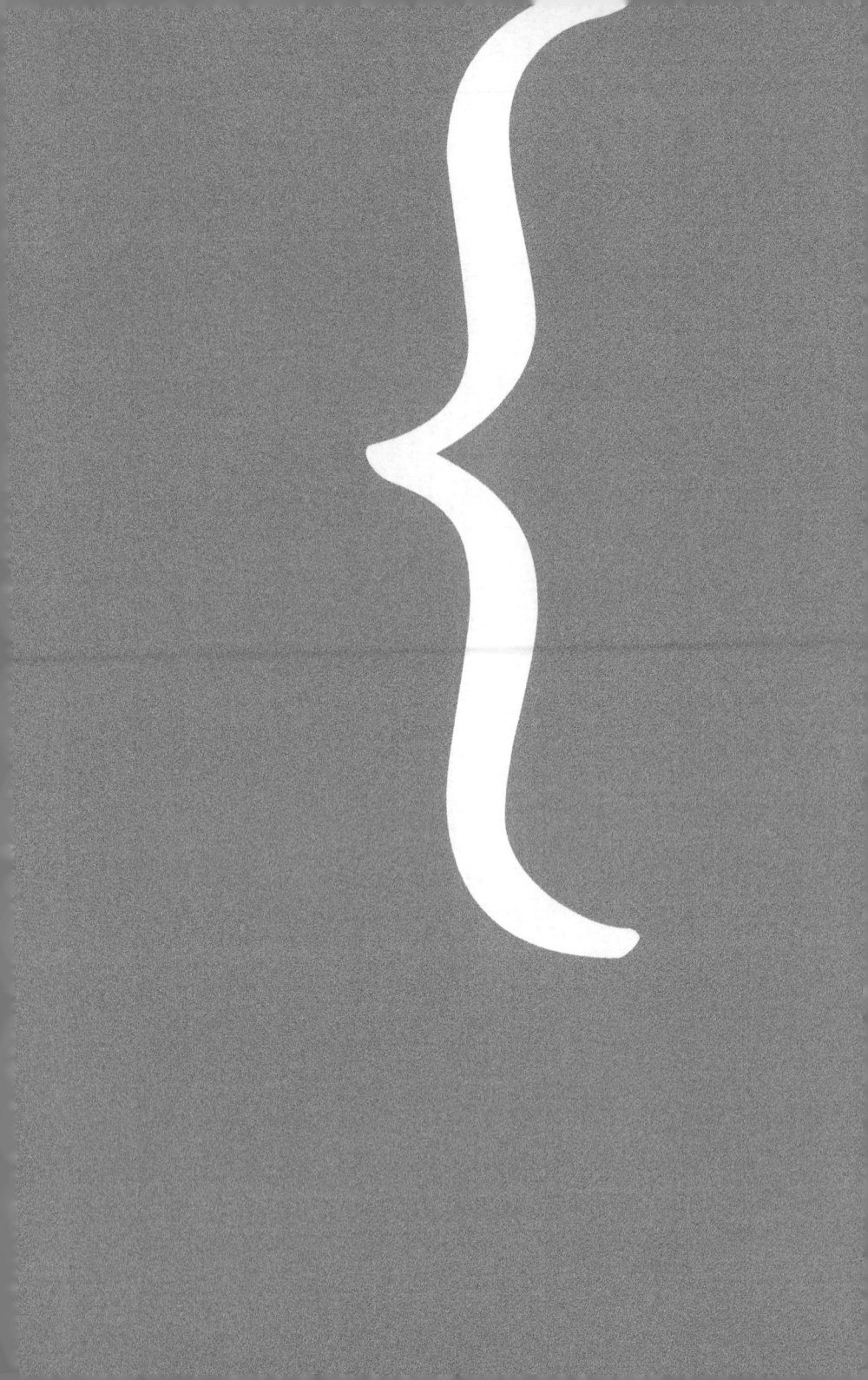

❰ NESTE CAPÍTULO, VAMOS apresentar sucintamente algumas orientações teórico-metodológicas referentes ao interacionismo sociodiscursivo. Recorremos a Bronckart (1999) para definir o conceito de *gêneros textuais* e *tipos textuais,* e de Schneuwly e Dolz (2004) para definir as *sequências didáticas.* No final do capítulo, você encontrará um trabalho pedagógico elaborado com base nos gêneros textuais.

De acordo com as ideias de Vygotsky (1987) e a noção de trabalho de base materialista dialética, o homem, na transformação da natureza e de si mesmo, utiliza artefatos (instrumentos/ferramentas). O conceito de *gênero textual*, da forma como é concebido no interacionismo sociodiscursivo, perpassa por esse entendimento. De forma análoga, diz-se que a linguagem é a apropriação de uma ferramenta psíquica que cumpre o papel de mediadora e organizadora das atividades sociais.

Tal como os instrumentos que mediavam a relação homem-natureza e homem-objeto foram se modificando e se aperfeiçoando conforme as novas demandas, no decorrer do processo histórico da evolução da espécie humana, as formas comunicativas também foram e são produzidas adequando-se às situações e exigências inéditas. À medida que assumem relativa estabilidade, essas formas comunicativas dão origem aos gêneros textuais. Conforme argumenta Machado (2005a, p. 250), em uma sociedade os gêneros podem ser considerados "como uma espécie de 'reservatório de modelos de referência', dos quais todo produtor deve se servir para realizar ações de linguagem".

Para exemplificar, podemos pensar na seguinte situação: suponhamos que um aluno não tenha cumprido com os combinados da sala de aula, não tenha feito as tarefas e tenha conversado muito durante as explicações. A professora, com o objetivo de levá-lo a repensar suas ações, poderia dar-lhe um sermão, chamar-lhe a atenção, contar-lhe uma fábula cuja moral dialogue com a situação vivida ou um conto que tenha uma lição subliminar. Para realizar a ação de linguagem de buscar mudar o comportamento do aluno, a professora tem à sua disposição esse "reservatório de modelos de referência", assim como todos os falantes nas mais diferentes situações de interação.

Dentro dos estudos do interacionismo sociodiscursivo, o conceito de *sequência textual* assume um importante papel, tanto no que diz respeito à classificação dos gêneros quanto no ensino destes nas aulas de língua materna. Schneuwly e Dolz (2004) propõem, conforme mencionamos no primeiro capítulo, que os gêneros sejam ensinados com base em agrupamentos, cujos critérios de organização sejam as sequências textuais predominantes em cada gênero, pois o aluno desenvolve habilidades próprias das sequências ao estudar os gêneros. Quando estuda um gênero que apresenta principalmente sequências narrativas, por exemplo, ele desenvolve competências relativas a essa sequência, o que possibilitará, em outro momento, a transposição desse conhecimento para estudos de outros gêneros do mesmo agrupamento.

Nos termos de Bronckart (1999, p. 218), "as sequências são unidades estruturais relativamente autônomas, que integram e organizam macroproposições que, por sua vez, combinam diversas proposições, podendo a organização linear do texto ser concebida como produto da combinação e da articulação de diferentes tipos de sequências". As sequências textuais constituem uma parte do conhecimento cognitivo dos falantes e são construídas socialmente. Podemos considerar, portanto, que a criança, durante suas interações com outros falantes da língua, interioriza, mesmo que inconscientemente, sequências, cuja "forma assumida [...] é claramente motivada pelas representações que [o] agente tem das propriedades dos destinatários de seu texto, assim como do efeito que neles deseja produzir" (Bronckart, 1999, p. 234). Para Bronckart (1999), é possível destacar seis tipos de sequência: descritiva, explicativa, argumentativa, narrativa, injuntiva e dialogal.

Para o trabalho com os gêneros textuais, Schneuwly e Dolz (2004) apresentam a sequência didática, um procedimento pedagógico com base em agrupamentos:

> *uma sequência didática é um conjunto de atividades escolares organizadas, de maneira sistemática, em torno de um gênero textual oral ou escrito [...] tem, precisamente, a finalidade de ajudar o aluno a dominar melhor um gênero de texto, permitindo-lhe, assim, escrever ou falar de uma maneira mais adequada numa dada situação de comunicação [...]. As sequências didáticas servem, portanto, para dar acesso aos alunos a práticas de linguagem novas ou dificilmente domináveis.* (Schneuwly; Dolz, 2004, p. 97)

A realização de um trabalho com a sequência didática requer alguns procedimentos fundamentais, como:

- objetivos claros a serem alcançados e que contêm a proposta de sequência;
- a elaboração do esquema da sequência didática;
- a aplicação adequada desse esquema, seguindo uma ordem gradual de atividades.

As sequências didáticas são compostas de quatro partes integradas: apresentação da situação, produção inicial, módulos e produção final.

A apresentação da situação funciona como uma etapa reguladora da sequência. O professor deve descrever detalhadamente como os estudantes realizarão a tarefa de produção inicial, podendo utilizar exemplos que ilustrem o gênero a ser estudado. Na produção inicial reside a essência da avaliação formativa, a qual funcionará como parâmetro para a montagem dos módulos de atividades da sequência didática. A partir das primeiras produções dos alunos, feitas utilizando apenas os conhecimentos prévios deles, o docente poderá avaliar quais são os conhecimentos e as dificuldades da classe com relação ao gênero textual que foi tomado como objeto de reflexão e, assim, construir atividades que atendam às demandas desses alunos.

> Os módulos didáticos são compostos, portanto, de atividades com propósitos específicos, que visem trabalhar sistematicamente e de forma gradual diferentes elementos que constituem a aprendizagem do gênero textual em questão — estejam eles na macroestrutura do texto ou na microestrutura —, com a pretensão de habilitar o aluno a utilizar eficientemente tal gênero em suas práticas sociais.

A produção final objetiva que o aluno coloque em prática o que foi aprendido ao longo da sequência e, assim, fornece ao professor material para a realização de uma avaliação somativa. No termos de Schneuwly e Dolz (2004, p. 103), "o movimento geral da sequência didática vai do complexo para o simples: da produção inicial aos módulos, cada um trabalhando uma ou outra capacidade necessária ao domínio de um gênero. No fim, o movimento leva novamente ao complexo: a produção final".

O estudo dos gêneros textuais com base nas sequências didáticas busca preparar o aprendiz para o uso efetivo de uma língua em suas modalidades escrita e falada, em várias situações reais de interação, por meio de instrumentos eficazes. Almeja, ainda, desenvolver no aluno a capacidade de se autorregular e avaliar seu desempenho com a linguagem, bem como desenvolver sua percepção de que tanto a escrita quanto a fala são produtos de trabalho progressivo em situações complexas de uso da língua.

trêspontoum
Pensando a prática pedagógica

Nesta seção, faremos a exposição de um trabalho pedagógico desenvolvido em parceria com outra pesquisadora (Lima; Medeiros, 2006) durante um curso de especialização em ensino de língua portuguesa. As professoras desenvolveram uma proposta de aprendizagem do gênero da oralidade *exposição oral de trabalho* para o 6º ano do ensino fundamental.

Lima e Medeiros (2006) propuseram o estudo desse gênero como continuação do trabalho que estava sendo desenvolvido pela professora da classe sobre o gênero *regra*. O objetivo era continuar a reflexão proposta, enfatizando o papel das regras nos mais diferentes contextos comunicativos, em especial sobre a importância delas na vida em sociedade. As educadoras pretendiam ressaltar que existem normas específicas que regulam o comportamento dos indivíduos nas diferentes situações de interação, mostrando aos alunos que as regras têm uma finalidade: a função interacional. Apesar de as autoras não utilizarem exatamente a estrutura de uma sequência didática, a proposta serve como um bom exemplo de estudo da língua por meio de gêneros (nas atividades dissertativas, pensaremos em formas de estruturar essa aprendizagem no formato de uma sequência didática).

A atividade foi dividida nas seguintes etapas:

1. Aplicação de um instrumento investigativo, que buscou identificar o conhecimento prévio do aluno sobre o gênero a ser estudado.
2. Apresentação, por meio de gráficos, de uma análise prévia dos dados obtidos com o instrumento.
3. Estabelecimento de um consenso a respeito dos dados coerentes com o gênero proposto.
4. Apresentação das diferenças entre fala e escrita e suas diferenças de uso.
5. Apresentação do gênero exposição oral de trabalho.
6. Organização da exposição oral de trabalho que seria realizada pelos alunos.
7. Exposição oral de trabalho feita pelos alunos do 6º ano para alunos do 5º ano.
8. Aplicação de um novo instrumento de avaliação.

A primeira etapa do projeto consistiu na elaboração de um instrumento com quatro questões sobre o gênero *exposição oral de trabalho*, as quais seriam respondidas pelos alunos sem uma prévia orientação. O objetivo foi partir do conhecimento prévio do grupo a respeito do gênero da oralidade que seria estudado. As seguintes questões compunham o instrumento:

> 1. Como você acredita que deve ser uma exposição oral de trabalho?
> 2. Elabore um conjunto de regras de comportamento para o expositor do trabalho.
> 3. Elabore um conjunto de regras de comportamento para os ouvintes participantes da exposição oral de trabalho.
> 4. Você acredita que cumprir essas regras possa facilitar o andamento da exposição oral de trabalho? Por quê?

FONTE: Lima; Medeiros, 2006, p. 41.

As pesquisadoras separaram as respostas de acordo com as questões e agruparam-nas levando em consideração a semelhança entre elas com relação à forma como os alunos compreenderam o questionamento. A partir dos agrupamentos, foram feitos gráficos que revelaram as respostas dos alunos e a frequência com que elas apareceram (estava sendo realizado em conjunto com o professor de Matemática um estudo de estatística e de confecção de gráficos).

A leitura dos gráficos foi realizada juntamente com os alunos e os agrupamentos foram exemplificados com as respostas obtidas no questionário. Por exemplo: na primeira questão, "Como você acredita que deve ser uma exposição oral de trabalho?", as autoras verificaram que um grupo de alunos confundiu o gênero *exposição oral de trabalho* com outro gênero da oralidade. Então, elas mencionaram algumas respostas declaradas pelos alunos, como, por exemplo: "os alunos fazem perguntas e a gente deve responder de acordo com a pergunta" (confusão com o gênero *entrevista*).

Na segunda questão, "Elabore um conjunto de regras de comportamento para o expositor do trabalho", elas encontraram, entre outras, regras de comportamento que não eram específicas da exposição oral de trabalho, como, por exemplo: "respeitar os mais velhos"; "dar lugar para os idosos e deficientes"; "não brigar".

Na terceira questão, "Elabore um conjunto de regras de comportamento para os ouvintes da exposição oral de trabalho", Lima e Medeiros (2006) encontraram um conjunto de regras coerentes com a postura que se deve ter ao participar de uma exposição oral de trabalho, como, por exemplo: "ficar em silêncio enquanto o expositor fala"; "ficar sentado"; "fazer perguntas somente na hora permitida".

Na quarta questão, "Você acredita que cumprir essas regras possa facilitar o andamento da exposição oral de trabalho? Por quê?", as professoras verificaram que um grupo de alunos acreditava que o cumprimento das regras, apenas por parte dos ouvintes, facilitaria o andamento da exposição: "sim, porque se os ouvintes respeitarem as regras será bem mais fácil de apresentar o trabalho". Dessa forma, todos os agrupamentos foram apresentados aos alunos.

Após a leitura dos gráficos, as professoras mostraram uma projeção com todas as regras que foram enumeradas para o expositor do trabalho. Seguindo a afirmação de Tomasello (1999) de que o saber coletivo se constrói no consenso entre as partes envolvidas, foi solicitado às crianças que selecionassem apenas as regras essenciais para o expositor de um trabalho, eliminando aquelas que não eram específicas do contexto interacional em questão. Os alunos chegaram ao seguinte conjunto de regras:

- Usar linguagem formal;
- Ser educado;
- Ficar em posição adequada;
- Respeitar sua vez de falar;
- Ter organização;
- Falar apenas o que diz respeito ao assunto;
- Usar um tom de voz adequado;
- Preparar o que vai dizer;
- Saber responder às perguntas;
- Não deixar os ouvintes com dúvidas;
- Usar palavras fáceis;
- Não ficar rindo;
- Respeitar os ouvintes;
- Comportar-se bem;
- Não usar gírias.

FONTE: Lima; Medeiros, 2006, p. 45.

O mesmo procedimento foi realizado com as regras que apareceram para os ouvintes participantes da exposição oral de trabalho.

No conjunto de regras selecionadas para os ouvintes, houve uma particularidade. Surgiram regras que revelavam atitudes negativas que, contemporaneamente, têm se tornado cada vez mais comuns nos ambientes públicos de interação: "não xingar"; "não vaiar"; "não jogar tomates"; "não fazer gestos"; "não fazer guerra" etc. Por isso, considerou-se necessária uma pequena interrupção para discutir com os alunos esse tipo de comportamento.

As pesquisadoras relataram que, juntamente com os alunos, chegaram à conclusão de que essas regras não precisariam existir, pois revelam atitudes inaceitáveis, e concluíram que somente ações consideradas negativas para a coletividade (sociedade como um todo) merecem vaias; sendo assim, vaiaram a violência e os pichadores de bens públicos para ilustrar dois exemplos. Contudo, os alunos compreenderam que não seria permitido vaiar ou jogar tomates no apresentador de um trabalho, nem sequer em um palestrante, músico, artista de teatro, uma vez que, além de outros fatores, aquilo que é desinteressante para um, pode não ser para todos, devendo-se, portanto, respeitar os espaços individuais dentro de contextos coletivos.

Chegou-se, então, ao seguinte levantamento de regras para os ouvintes:

- Ficar sentado;
- Ficar em silêncio;
- Perguntar apenas coisas da aula;
- Ajudar no rendimento da pesquisa;
- Não sair durante a apresentação;
- Não interromper;
- Fazer perguntas ao final da exposição;
- Levantar o dedo para perguntar;

- Ouvir com atenção;
- Respeitar quem estiver apresentando;
- Colaborar;
- Ser educado;
- Não falar junto com os outros;
- Participar;
- Se não gostar, ficar quieto.

FONTE: Lima; Medeiros, 2006, p. 45-46.

Ao final dessa etapa, os alunos receberam um material fotocopiado com todas as regras que professores e alunos tinham decidido que seriam importantes para expositores e ouvintes em uma exposição oral de trabalho. O material deveria ser colado no caderno para que todo o planejamento do gênero textual que iriam realizar levasse em consideração as regras que eles mesmos estabeleceram como essenciais para o bom andamento do trabalho.

Outro momento desse projeto consistiu em um estudo detalhado das diferenças e semelhanças entre fala e escrita. Primeiramente, segundo as autoras (Lima; Medeiros, 2006, p. 46), os alunos pensaram em atividades nas quais utilizavam a linguagem oral e em outras nas quais utilizavam a modalidade escrita da língua. Com base nos exemplos dados pelos estudantes para cada modalidade da língua, foram mostradas algumas diferenças e semelhanças que existem entre elas:

- na fala, muitas vezes, elaboramos o discurso em tempo real, enquanto na escrita os momentos de produção e planejamento não coincidem com o momento de execução do texto;

- na fala, usamos o recurso da repetição para mantermos o fluxo, enquanto na escrita esse recurso é aceito em pouquíssimos casos (como para ênfases);
- na escrita, o leitor não vê as correções que foram feitas pelo escritor, enquanto na fala as correções são feitas em tempo real, pois não temos o "recurso da borracha"; as duas modalidades podem ser planejadas, adequando-se às necessidades dos diferentes gêneros;
- ambas têm recursos para determinados fins expressivos, "a fala serve-se da gestualidade, mímica, prosódia etc.; e a escrita serve-se da cor, tamanho, forma das letras e dos símbolos, como também de elementos logográficos, icônicos e pictóricos" (Marcuschi, 2001a, p. 46).

As explicações foram realizadas por meio de exemplos, como a atividade proposta por Bagno (2004, p. 55) para a observação dos diferentes recursos que as modalidades escrita e falada da língua apresentam:

> *pegue uma palavra bem simples – fogo, por exemplo – e pronuncie-a com todas as inflexões e tons de voz que conseguir: espanto, medo, alegria, tristeza, saudade, ira, remorso, horror, felicidade, histeria, pavor... Depois tente reproduzir por escrito essas mesmas inflexões e tons de voz. É impossível! O máximo que a língua escrita oferece são os sinais de exclamação e de interrogação! A mera forma escrita não é capaz de traduzir as inflexões e as intenções pretendidas pelo falante. Por isso, os autores de textos teatrais indicam, entre parênteses, a emoção, a sensação, o sentimento que o ator deve expressar numa dada fala.*

Após a reflexão a respeito das particularidades dos discursos falado e escrito, iniciou-se uma discussão sobre os diversos usos em cada modalidade: *e-mail* para um amigo, *e-mail* para o diretor da escola, conversa espontânea, comunicado (recado), palestra, aula, produção de um diário pessoal, artigo científico, diálogo com os pais etc. As diferenças entre gêneros textuais não foram ressaltadas, mas as diferenças de registro foram priorizadas e as professoras lembraram que cada gênero textual – tanto oral quanto escrito – obedece a regras específicas de estruturação.

Para o estudo dos elementos que constituem o gênero *exposição oral de trabalho*, as professoras retomaram as regras construídas pelos alunos no instrumento inicial. Uma das regras selecionadas para a construção da exposição foi o uso da linguagem formal, o que requer maior preocupação com a forma de expor o que seria dito. No entanto, os alunos se mostraram preocupados também com a adequação da linguagem ao público (alunos mais novos que eles). Outra regra atentava para a necessidade de planejamento, revelando a preocupação com o conteúdo do que seria dito. Foi proposto um roteiro que funcionou como preparação e programação do estudo, formado pelas seguintes questões:

- Como será apresentado o trabalho?
- O que será apresentado?
- Será utilizado algum tipo de imagem? Qual?
- Como será dividido o grupo?

FONTE: Lima; Medeiros, 2006, p. 48.

Os alunos foram orientados a pensar no conteúdo que preencheria o roteiro do trabalho, com a proposta de fazer uma exposição oral de trabalho cujo tema seria "As regras de comportamento necessárias à vida em sociedade" que eles haviam estudado anteriormente. Após refletir juntamente com as professoras, o roteiro do trabalho foi estruturado da seguinte forma pelos alunos:

1. Como será a apresentação do trabalho?
   - Introdução
   - Relato
   - Apresentação do gráfico
   - Apresentação de um texto de conclusão feito pela turma

2. O que será apresentado?
   - Cumprimentos e apresentação do grupo
   - Introdução: motivo que levou a professora a pedir o trabalho (justificativa); nome do trabalho e sua importância (os alunos construíram em conjunto com as professoras uma simulação de discurso).
   - Relato: tempo de execução, interdisciplinaridade, coleta dos dados, trabalhos feitos em sala (gráficos e texto de conclusão)

3. Será utilizado algum tipo de imagem? Qual?
   - Transparência do gráfico, juntamente com as 12 regras selecionadas (fruto da pesquisa feita anteriormente quando

estudavam as regras), e transparência do texto conclusivo feito pela turma.

4. Como será dividido o grupo?
   • Sorteio de cinco nomes dentre os que se dispuserem a apresentar.
   • Divisão das tarefas: introdução, relato, exposição do gráfico, exposição das regras, leitura do texto conclusivo.

FONTE: Lima; Medeiros, 2006, p. 49.

Antes de apresentar para a turma do 5º ano, os alunos realizaram um ensaio: os sorteados como apresentadores foram à frente da sala e simularam a apresentação para os colegas da classe. Durante o treino, foi possível discutir alguns pontos importantes da apresentação, como o tom de voz e a postura adequada.

Em outro momento, a exposição oral de trabalho foi realizada tendo como público alunos de um 5º ano da mesma escola. Ao término da apresentação, os alunos receberam dois tipos de instrumentos avaliativos: um para os expositores e outro para os ouvintes. Nos instrumentos avaliativos, foram feitas três perguntas que buscaram avaliar o outro e uma pergunta autoavaliativa:

• Destinado aos expositores:
1. A partir das regras estudadas para o comportamento que os ouvintes devem ter em uma exposição oral de trabalho, o que você esperava dos alunos que assistiram à exposição?
2. Como foi a postura real dos ouvintes?
3. Correspondeu ao que você esperava?

( ) SIM (se a resposta for positiva, como o bom comportamento dos ouvintes ajudou na apresentação do trabalho?).

( ) NÃO (se a resposta for negativa, como o mau comportamento dos ouvintes prejudicou a apresentação do trabalho?).

4. Com relação às regras estudadas para os expositores, como você acha que elas contribuíram para a execução da exposição?

* Destinado aos ouvintes:
1. A partir das regras estudadas para o comportamento que os expositores devem ter em uma exposição oral de trabalho, o que você esperava dos alunos que fizeram a apresentação?
2. Como foi a postura real dos expositores?
3. Correspondeu ao que você esperava?

( ) SIM (se a resposta for positiva, como o comportamento adequado dos expositores ajudou na apresentação do trabalho?)

( ) NÃO (se a resposta for negativa, como o comportamento inadequado dos expositores prejudicou a apresentação do trabalho?)

4. Com relação às regras estudadas para os ouvintes, como você acha que elas contribuíram para a execução da exposição?

FONTE: Lima; Medeiros, 2006, p. 52.

Conforme concluíram as pesquisadoras, os resultados obtidos a partir dessa intervenção pedagógica não retrataram uma mágica mudança de comportamento, mas proporcionaram uma primeira discussão sobre as regras necessárias à vida em sociedade e possibilitaram uma reflexão sistemática sobre um gênero da oralidade. Tal proposta pode servir para aguçar sua criatividade na criação de outras propostas pedagógicas.

Síntese

Neste capítulo, nosso objetivo foi trazer mais informações a respeito do conceito de *gênero textual* com base na perspectiva do interacionismo sociodiscursivo, que foi brevemente apresentada no primeiro capítulo deste livro. Além disso, você pôde conhecer melhor a metodologia de trabalho com os gêneros textuais, denominada *sequência didática*.

O entendimento das questões sobre os gêneros textuais é fundamental para construir uma prática de ensino de língua materna pautada nos usos reais da língua, e o modelo de sequências didáticas tem se mostrado um importante instrumento no desenvolvimento desse trabalho.

Atividades de autoavaliação

1. Sobre sequências didáticas, assinale a alternativa incorreta:
   a. As sequências didáticas são compostas das seguintes partes: apresentação da situação, produção inicial, módulos e produção final.
   b. Sequência didática é um conjunto de atividades escolares, organizadas de maneira sistemática em torno de um gênero textual oral ou escrito, que tem a finalidade de ajudar o aluno a dominar melhor um gênero de texto, permitindo-lhe, assim, escrever

ou falar de uma maneira mais adequada numa dada situação de comunicação.
c. As sequências didáticas só podem ser utilizadas pela turma para qual foram construídas.
d. A produção inicial funciona como um diagnóstico da turma, para que o professor possa construir os módulos visando ajudar os alunos a superarem suas dificuldades.

2. Sobre o ensino de língua pautado na progressão dos gêneros textuais, assinale a alternativa incorreta:
a. Deve-se trabalhar nas séries iniciais apenas com os gêneros do agrupamento do narrar, uma vez que exigem habilidades menos complexas, que são mais facilmente aprendidas pelas crianças.
b. Deve-se trabalhar com gêneros de diferentes agrupamentos em todas as séries escolares, com graus variados de dificuldade.
c. Nas séries iniciais, os alunos já dominam algumas estratégias argumentativas que podem ser desenvolvidas paulatinamente ao longo dos anos escolares.
d. O ensino de língua deve ser pautado no trabalho com os gêneros textuais que circulam na sociedade.

3. Gêneros textuais são:
a. narrativas, descrições, argumentações e dissertações.
b. textos utilizados exclusivamente para o ensino de língua.
c. textos materializados que encontramos em nossa vida diária e que apresentam características sociocomunicativas definidas por conteúdos, propriedades funcionais, estilo e composição característica.

d. construtos teóricos definidos por propriedades linguísticas intrínsecas, tais como aspectos lexicais, sintáticos, tempos verbais e relações lógicas.

4. Tipos textuais são:
a. construtos teóricos definidos por propriedades linguísticas intrínsecas, tais como aspectos lexicais, sintáticos, tempos verbais e relações lógicas. Como exemplo, podemos citar narrativas, descrições, argumentações, instruções etc.
b. notícias, reportagens e artigos de opinião.
c. textos utilizados para o ensino de língua.
d. Nenhuma das alternativas anteriores está correta.

5. Sobre a etapa da produção inicial de uma sequência didática, podemos afirmar que:
a. a partir da produção discente, nessa primeira tentativa o professor avalia quais são os conhecimentos e as dificuldades do grupo.
b. ela fornece um diagnóstico da turma, com base no qual o professor pode construir atividades que atendam às demandas do grupo.
c. ela funciona como parâmetro para a montagem dos módulos de atividades da sequência didática.
d. Todas as alternativas anteriores estão corretas.

Atividades de aprendizagem

Questão para reflexão

O campo de estudos dos gêneros textuais apresenta um conjunto de abordagens com arcabouços teóricos variados. Neste capítulo, apresentamos, em linhas gerais, uma das teorias existentes: o interacionismo sociodiscursivo. Leia a obra *Gêneros: teorias, métodos, debates* (Meurer; Bonini; Motta-Roth, 2005) – trata-se de uma síntese introdutória referente a cada uma das diferentes abordagens da temática dos gêneros textuais. Procure identificar a contribuição de cada teoria para a prática docente no ensino de língua.

Atividades aplicadas: prática

1. Com base na produção inicial a seguir, construa alguns módulos de uma sequência didática para o trabalho com as principais dificuldades do produtor do texto (lembre-se de identificar quais pontos o aluno já domina e quais ainda tem dificuldade, tanto no que diz respeito à ortografia e reflexão metalinguística quanto à construção de um texto do agrupamento do narrar):

   Era uma vez um Homem muito gordo.
   Meu pai dis que Ele era nosso vizinho que era muito gordo e engraçado.
   Todo dia laevinha ele correno na venda comprar pão doce.
   Olvir minha mãe dizer que um dia ele laia explodi.

> Aí um dia Esti homem evinha comprar pão doce denovo e tropeso. As banha espalho tudo. Todo mundo acho que ele tinha explodio.

2. Quais adaptações poderiam ser feitas na proposta de trabalho apresentada na seção 3.1 (sobre o gênero *exposição oral de trabalho*, realizado com os alunos do 6º ano) para que atendesse às orientações de um projeto de sequência didática?

um	práticas sociais de uso da linguagem
dois	oralidade e escrita
três	gêneros textuais
# quatro	**produção e circulação de textos escritos**
# cinco	fatores de textualidade
# seis	língua padrão e variações linguísticas
# sete	gêneros acadêmicos: resumo, resenha, relatório e artigo científico

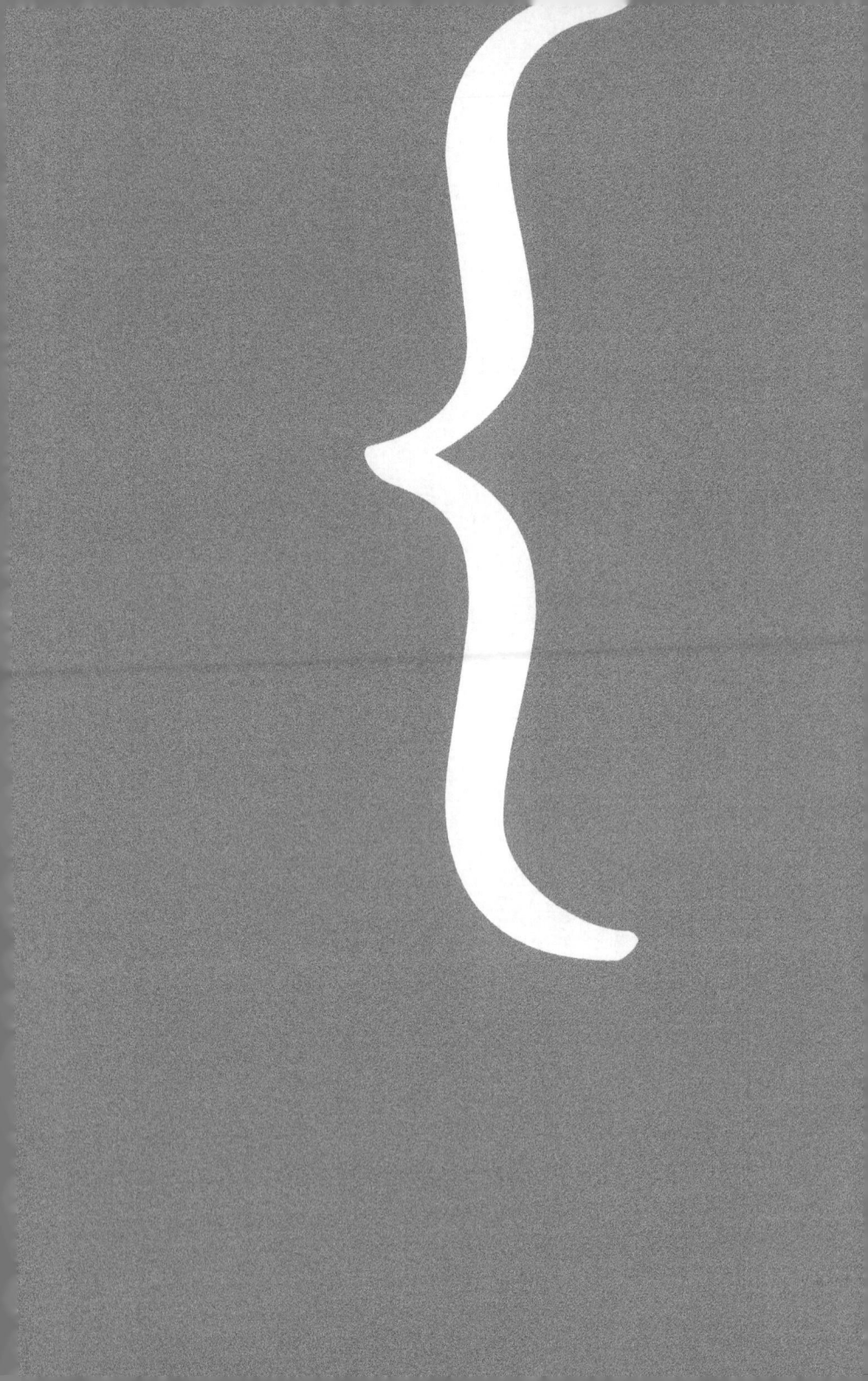

❰ NESTE CAPÍTULO, NÃO nos deteremos na parte teórica, uma vez que esta se encontra diluída nos textos das seções anteriores. Após breve introdução, passaremos para a discussão pedagógica. Nesta seção, vamos expor uma proposta de trabalho com os gêneros do agrupamento do argumentar para as séries iniciais do ensino fundamental. Nessas séries é dada uma ênfase, quase exclusiva, aos gêneros textuais do agrupamento do narrar, com a justificativa de que a produção de textos do agrupamento do argumentar constitui tarefa muito difícil para os alunos menores. No entanto, nosso objetivo é demonstrar que, nessa idade, as crianças já apresentam habilidades argumentativas que podem ser bem trabalhadas progressivamente, ao invés de desenvolvidas todas ao mesmo tempo apenas no ensino médio.

A produção de textos escritos na escola se reduziu, durante muito tempo, à confecção de gêneros exclusivamente escolares, sem circulação produtiva na vida em sociedade – com exceção das provas de concursos e vestibulares. As discussões relativas à pedagogia de língua materna com base nos gêneros textuais que circulam na sociedade, como mencionamos nos capítulos anteriores, imprimiram uma mudança significativa nas aulas de língua como um todo e, em especial, nas antigas aulas de redação.

> A produção textual passou a ser entendida como parte integrada do processo de aprendizagem de uma língua, e não objeto de uma disciplina autônoma, denominada *Redação*.

Se optamos por desenvolver nossa prática pedagógica com base na proposta de sequências didáticas (Schneuwly; Dolz, 2004) – que funcionam como instrumentos funcionais para o trabalho com gêneros textuais, e não como modelos fechados –, é porque entendemos que a produção textual está presente no processo de aprendizagem dos elementos que constituem um gênero.

A avaliação final é sempre a confecção de um texto dentro do gênero textual estudado. Não se trata mais, portanto, de construir redações que têm como destinatário exclusivo o professor avaliador, mas construir gêneros textuais dos mais diversos – com base nas aprendizagens sobre eles construídas ao longo das sequências didáticas –, buscando sempre dirigi-los a seus destinatários em potencial.

quatropontoum
Pensando a prática pedagógica

Conforme anunciamos na introdução deste capítulo, vamos propor uma reflexão sobre a prática pedagógica no ensino-aprendizagem de produções textuais, com base em uma sequência didática sobre o trabalho com os gêneros do agrupamento do argumentar para alunos do 4º ano do ensino fundamental. Este material foi produzido por Lima e Pinheiro (2010) em uma disciplina do curso de mestrado em Linguística.

As autoras trabalharam no cenário de alunos do 4º ano do ensino fundamental de uma escola pública municipal. Tal escola tem como dever oferecer a merenda e como regra não permitir que os alunos levem merenda de casa. A entrada de um novo aluno na escola que insistia em trazer um lanche de casa levou os demais alunos a questionarem tal regra. O tema passou a ser recorrente em conversas pelos corredores: os alunos apresentavam opiniões contra e a favor da regra da merenda. Essa situação polêmica instigou as pesquisadoras a investigarem como essas crianças argumentavam, que estratégias já dominavam e quais poderiam vir a ser desenvolvidas progressivamente. O trabalho sistemático com gêneros do agrupamento do argumentar para as séries iniciais do ensino fundamental não era desenvolvido naquela escola, assim como não costumava ser em outras, uma vez que, conforme comentamos, as escolas geralmente enfatizam o ensino dos gêneros do agrupamento do narrar.

Lima e Pinheiro (2010) construíram uma proposta de sequência didática que visa atender às particularidades do grupo em relação às estratégias argumentativas no gênero *carta argumentativa*. As autoras iniciaram, seguindo a proposta de uma sequência didática, pela apresentação da situação: retomaram com os alunos a questão da regra da escola sobre a merenda escolar e a polêmica que esta vinha gerando. Em seguida, informaram os estudantes de que poderiam discutir a questão com os responsáveis pela coordenação da escola, mas para isso teriam de refletir melhor o tema, se posicionar, construir seus argumentos e conhecer os argumentos contrários. A proposta era que entrassem em contato com a direção da escola por meio de uma carta argumentativa.

A produção inicial foi composta de dois momentos: uma produção oral e uma produção escrita. A produção oral foi realizada no formato de uma entrevista, na qual os alunos que se dispuseram a se manifestar apresentando suas opiniões sobre a proibição. A pergunta que orientou a entrevista foi: *Você concorda com a regra da escola de não poder trazer merenda de casa? Por quê?* A entrevista foi gravada para servir de material de análise para a construção dos módulos.

A produção escrita*, cujo objetivo seria que os alunos produzissem um texto de opinião, foi orientada pelo seguinte material:

---

* No texto original havia ilustrações com as personagens do ambiente escolar.

> ## Atividade de produção textual
>
> Regra da escola: NÃO PODEMOS TRAZER MERENDA DE CASA
>
>   Mas por quê? Veja as justificativas de quem trabalha na escola:
>
>   A diretora: "A merenda da escola é preparada com acompanhamento de uma nutricionista. Isso garante uma alimentação saudável!".
>
>   A merendeira: "Eu preparo as refeições com muito carinho, cuidado e higiene!".
>
>   O zelador: "Nosso cardápio é variado, nutritivo e gostoso!".
>
>   Os professores: "Algumas crianças trariam doces, refrigerantes, biscoitos 'xulezitos' e outros alimentos que não são bons para a saúde".
>
>   A secretária: "As crianças que não têm dinheiro para comprar não teriam como trazer merenda de casa".
>
>   Agora, escreva a sua opinião sobre a regra da merenda em nossa escola:

FONTE: Lima; Pinheiro, 2010, p. 118, grifo do original.

    Realizadas as etapas de apresentação da situação e produção inicial, as professoras obtiveram o material necessário para realizar um diagnóstico do grupo, o qual orientou a construção dos objetivos da sequência didática e dos módulos de atividades*.

---

* Se você deseja conhecer mais profundamente a análise feita dos dados obtidos por meio das produções iniciais, leia o artigo: LIMA, F. R. O.; PINHEIRO, R. M. M. Argumentação para as séries iniciais: uma proposta de sequência didática. Fólio – Revista de Letras, Vitória da Conquista, v. 2, n. 1, p. 112-129, jan./jun. 2010. Disponível em: <https://periodicos2.uesb.br/index.php/folio/article/view/3629/3002>. Acesso em: 4 dez. 2023.

Os módulos construídos levaram em consideração as dificuldades do grupo de alunos em questão, mas podem ser aproveitados em outras turmas com algumas adaptações.

Os objetivos estabelecidos para a sequência didática do agrupamento do argumentar para o 4º ano do ensino fundamental foram:

> 1. Fazer com que os alunos reconheçam a estrutura básica, prototípica, do discurso argumentativo: posição + justificativa + conclusão;
> 2. Fazer com que reconheçam o caráter pragmático e dialógico do discurso argumentativo: convencer o seu interlocutor de algo;
> 3. Fazer com que utilizem conectivos para promover a coesão textual e reconheçam a importância desses elementos na produção do discurso argumentativo;
> 4. Fazer com que sejam capazes de utilizar adequadamente alguns aspectos notacionais do texto escrito: letra maiúscula, uso da pontuação (.) (!) (?) e acento diferencial;
> 5. Fazer com que, ao final dos módulos, os alunos sejam capazes de produzir uma carta opinativa para a diretora da escola apresentando-lhe sua opinião a respeito da regra: "não é permitido trazer merenda de casa para a escola".

FONTE: Lima; Pinheiro, 2010, p. 125.

As atividades propostas nos módulos pretendiam trabalhar as dificuldades encontradas na análise da produção inicial, fornecendo aos alunos os instrumentos necessários para a superação de tais dificuldades.

O Módulo 1 teve por objetivo levar os alunos ao reconhecimento e agrupamento (categorização) dos tipos textuais. Em um primeiro momento, as crianças foram divididas em grupos de quatro alunos e cada grupo recebeu textos de diferentes gêneros com a orientação de agrupá-los com base em algum critério de semelhança. Após os agrupamentos, os critérios utilizados para a categorização foram discutidos. Para concluir a atividade, as professoras sugeriram critérios para formar agrupamentos utilizando as seguintes questões:

- 1º grupo – Quais textos nos contam histórias?
- 2º grupo – Quais textos tentam nos convencer de algo?
- 3º grupo – Quais textos nos ensinam como fazer alguma coisa?

Após o agrupamento dos textos com base no novo critério, foi proposto um estudo pormenorizado dos exemplares do segundo grupo. Esse estudo foi orientado pelos seguintes questionamentos:

- Como os autores tentam convencer seus interlocutores?
- Os autores colocam sua posição em relação ao assunto?
- Eles apresentam alguma justificativa para sua posição?

Em seguida, o professor escolheu um texto cuja sequência argumentativa se apresentava de forma mais prototípica (posição + justificativas + conclusão) para análise. O texto selecionado foi retirado da *Revista Nova Escola* (2005, p. 12), na seção "Fórum", em que um tema conflituoso é abordado sob três perspectivas distintas.

O Módulo 1 foi concluído com uma tarefa para ser realizada em casa. Os alunos deveriam fazer uma pesquisa, buscando responder a algumas questões: Em que momentos da sua vida, seja na escola, seja na rua ou em casa, com amigos, pais ou professores, você tenta convencer alguém de alguma coisa? Como você faz isso? Que estratégias utiliza?.

Na aula seguinte, no formato de um bate-papo mediado pelas professoras, os alunos tiveram a oportunidade de trocar experiências.

O Módulo 2 teve por objetivo levar os alunos a perceberem o caráter dialógico do texto argumentativo, para, então, organizar melhor as ideias, articulando posição e argumento. Para isso, foram retomadas as entrevistas da produção inicial com o intuito de rever com os alunos o objetivo destas: expor para a direção da escola a opinião dos alunos sobre a regra que não permite levar merenda par a escola. O primeiro passo consistiu na audição de algumas entrevistas para observar se, da forma como foram feitas, seriam persuasivas o suficiente para convencer a diretora a mudar a regra, se necessário. Foram selecionadas duas entrevistas cujas opiniões eram contrárias à regra, bem como proposto que os estudantes as tornassem mais eficientes, ou seja, mais capazes de atingir o objetivo comunicativo de convencer o interlocutor. Para que a atividade pudesse ser desenvolvida, foram entregues transcrições das entrevistas e apresentado um exercício de reescrita, que foi realizado juntamente com as professoras.

O Módulo 3 objetivou levar os alunos à identificação da situação-problema como âncora para o texto argumentativo. O primeiro passo consistiu na explicação sobre o que é uma situação-problema com base em exemplos do dia a dia escolar, como, por exemplo: A bola da educação física pode ser utilizada pelos alunos durante o recreio? Os alunos podem entrar na escola após as 7h 15min? Enfatizou-se sempre o caráter conflituoso das situações-problema. A atividade desse módulo consistiu na confecção de cartazes que destacavam situações-problemas: foram levados para sala de aula alguns textos (extraídos de revistas e jornais, atentando para a idade dos alunos) que tratavam de diversas dessas situações e os alunos orientados a identificar e destacar a situação-problema presente nos textos e colá-los nos cartazes, apresentando, em seguida, as variadas posições sobre o tema. Os cartazes foram expostos na sala de aula para que todos da classe pudessem reconhecer os elementos do texto argumentativo.

O Módulo 4 objetivou levar os alunos a reconhecer a importância dos conectores de oposição, adição e conclusão no discurso argumentativo. Para isso, o texto utilizado no Módulo 1 foi retomado e os conectores foram extraídos pelas professoras, que chamaram a atenção dos alunos para o sentido que eles ajudam a promover no texto. Como atividade, alguns trechos da produção escrita dos alunos (produção inicial) foram entregues com algumas lacunas a serem preenchidas no local dos conectores, de modo a proporcionar sentido ao fragmento. No final da tarefa, as crianças fizeram uma comparação com o original, orientadas pelas professoras.

O Módulo 5 visou a trabalhar com aspectos notacionais do texto, em especial o estudo sobre o uso adequado de letra maiúscula, pontuação e acentos diferenciais. Mais uma vez foram retomados textos escritos da produção inicial e os alunos orientados a observar seus próprios textos. Propôs-se uma reflexão metalinguística sobre os usos da letra maiúscula em um texto modelar e, em seguida, os alunos fizeram a reescrita orientada de seus textos. Os mesmos procedimentos foram seguidos para o estudo da pontuação e dos acentos diferenciais.

Para a produção final, as professoras primeiramente apresentaram um modelo do gênero *carta argumentativa*, cujos elementos e particularidades foram estudados com os alunos. Em um segundo momento, solicitaram aos alunos a escrita de uma carta argumentativa que seria encaminhada à direção da escola. O objetivo era elaborar a carta demonstrando a opinião do aluno sobre a regra da escola referente à merenda e argumentando em prol da opinião defendida.

A proposta pedagógica apresentada demonstra que é possível trabalhar com gêneros de diversos agrupamentos em diferentes anos escolares, aumentando gradativamente as dificuldades. Com base nela, você, pode pensar em outras maneiras de trabalhar a produção textual de língua materna em sala de aula.

Síntese

Neste capítulo, nosso objetivo foi demonstrar que a mudança de concepção sobre o ensino de língua leva a uma transformação na forma de entender também a produção textual, uma vez que esta passa a ser vista como parte integrante do processo de aprendizagem de uma língua. A produção textual está presente em todas as etapas de ensino de um gênero textual. Com base na proposta pedagógica exposta no capítulo, você pôde compreender que a produção de textos na escola precisa ocorrer sempre dentro de algum gênero textual produtivo em nossa sociedade, buscando estar o mais próximo possível das necessidades autênticas, e não apenas das escolares. Além disso, intentamos questionar o currículo escolar que prioriza os gêneros do agrupamento do narrar nas séries iniciais da educação básica, demonstrando as vantagens de trabalhar de maneira espiralada, ou seja, com gêneros textuais de diferentes agrupamentos em todas as séries escolares com graus variados de dificuldade.

Atividades de autoavaliação

1. Analise as alternativas a seguir e marque V para verdadeiro ou F para falso:

( ) É possível começar a aprender a planejar o texto que será escrito, cuidando deliberadamente da escolha do tema, da seleção e do encadeamento das ideias em que esse texto será desenvolvido, antes mesmo de o aluno dominar a ortografia e de saber escrever.

( ) As crianças precisam aprender que, na produção do texto escrito, é sempre necessário levar em conta "para quê" e "para quem" se está escrevendo e "em que situação" o texto será lido.

( ) Uma palavra qualquer e um nome próprio podem ser um texto se forem utilizados em uma determinada situação para produzir um sentido. Por exemplo: copiar o próprio nome ganha razão de ser quando se conjuga à confecção de um crachá que será de fato usado e permitirá aos colegas memorizar os nomes uns dos outros.

(   ) Nas séries iniciais, os alunos não estão preparados para aprender as habilidades linguísticas que não sejam dos gêneros textuais do agrupamento do narrar.

Agora, assinale a alternativa que corresponde à sequência correta:

a. V, V, V, F.
b. V, F, V, F.
c. F, F, V, V.
d. F, V, F, F.

2. Leia as afirmações a seguir e assinale a alternativa correta:
a. Uma habilidade fundamental para a produção de textos é a capacidade de revisá-los autonomamente durante o processo de escrita, retomando as partes escritas e planejando os trechos seguintes.
b. O aluno deve reler seu texto sozinho e procurar reescrevê-lo.
c. A atividade de reescrita deve ser, inicialmente, orientada pelo professor; gradativamente o aluno interioriza a capacidade de revisão e reelaboração, tornando-a uma capacidade autônoma.
d. Reescrever o texto observando as dificuldades encontradas inicialmente não é importante para a confecção de bons textos.

3. Sobre a produção textual no ambiente escolar, é possível afirmar que:
a. A escola deve priorizar a produção de gêneros tipicamente escolares para que os alunos apresentem um bom desempenho nas atividades proporcionadas nesse espaço.

b. Não é importante criar situações reais de uso da língua para a produção textual, pois o aluno sabe que o único leitor dos textos que elabora nas atividades de produção textual será seu professor.

c. A produção textual não deve ser encarada fora do processo de aprendizagem da língua por meio dos gêneros textuais que circulam na sociedade.

d. Reescrever não faz parte do processo de aprendizagem da produção escrita.

4. Assinale a alternativa que melhor avalia a afirmativa a seguir:

Ao final de uma proposta de sequência didática com o gênero textual *artigo de opinião*, o professor distribuiu as produções iniciais dos alunos e os orientou que as avaliassem com base no que haviam aprendido ao longo dos módulos da sequência.

a. Essa é uma atividade positiva porque possibilita ao aluno revisar o próprio texto ao mesmo tempo em que observa os avanços conquistados da primeira produção até aquele momento. O trabalho poderia ser feito em duplas para uma troca de informações mais rica. Ao final, o professor poderia utilizar as correções dos alunos como orientação para a avaliação.

b. A proposta de atividade é negativa porque tira do professor a responsabilidade de avaliar as produções dos alunos. Quem deve corrigir e entregar os textos aos alunos é o professor, pois os estudantes não têm conhecimento suficiente para realizar essa tarefa.

c. A proposta de atividade não tem nenhum ganho significativo para os alunos, uma vez que eles não têm maturidade nem conhecimento para a tarefa.

d. Nenhuma das alternativas anteriores está correta.

5. Em uma sequência didática, em qual(is) momento(s) os alunos produzem textos?
   a. Na produção inicial, pois ela funciona como parâmetro para que os módulos de atividades da sequência didática sejam montados.
   b. Na produção final, pois seu objetivo é que o aluno coloque em prática os conhecimentos adquiridos ao longo da sequência didática.
   c. Em nenhum momento, pois a produção textual é uma disciplina autônoma, sendo importante enfatizar somente atividades de leitura e de interpretação.
   d. Em especial na produção inicial e na produção final, pois no decorrer dos módulos eles estão desenvolvendo habilidades importantes para a produção textual e podem elaborar pequenos textos para aprimorá-las.

Atividades de aprendizagem

Questão para reflexão

Selecione alguns exemplares de livros didáticos de língua portuguesa, de preferência destinados a uma mesma série escolar. Escolha um capítulo para análise cuja temática coincida em todo material de análise. Procure observar como é a proposta de ensino-aprendizagem da produção textual no capítulo escolhido. Construa uma avaliação das propostas, apresentando os pontos fortes e fracos (justifique) e as teorias linguísticas que estão por trás daquela forma de encarar o ensino de língua. Esse tipo de atividade reflexiva é importante para que você esteja preparado para avaliar (e argumentar sobre) os materiais didáticos oferecidos nas escolas onde irá trabalhar.

Atividade aplicada: prática

1. Avalie a seguinte proposta de atividade de produção de textos com base nas teorias discutidas neste livro.

> Nesses últimos meses, estamos sendo bombardeados por uma avalanche de notícias sobre fatos de violência nas diversas partes do mundo. A violência já faz parte do nosso cotidiano, convivemos com ela, relativizando seus efeitos. Violência de todos os tipos, explícita e implícita, interpessoal e institucional, guerras internacionais e domésticas, balas perdidas, sem teto, sem terra e sem emprego... Violência de diversas faces, até oculta e anônima, mas que atinge sempre algo, ou melhor, alguém concretamente: a pessoa humana

NESSES ÚLTIMOS meses... Revista de Educação, Salvador (Ceap), n. 25, p. 5, jun. 1999. Editorial.

Observe que o texto em destaque foi extraído de um editorial da Revista de Educação, publicada pelo Centro de Estudos e Assessoria Pedagógica (Ceap), em junho de 1999.

Reflita sobre a síntese apresentada, focalizando a violência no mais amplo sentido da palavra e, com base nisso, produza um texto argumentativo em que você discorra sobre pelo menos uma forma de violência contra a pessoa humana, quer aconteça de modo continuado, quer de modo ocasional, e as consequências dela decorrentes.

FONTE: UNEB/BA, 2010, p. 4, grifo do original.

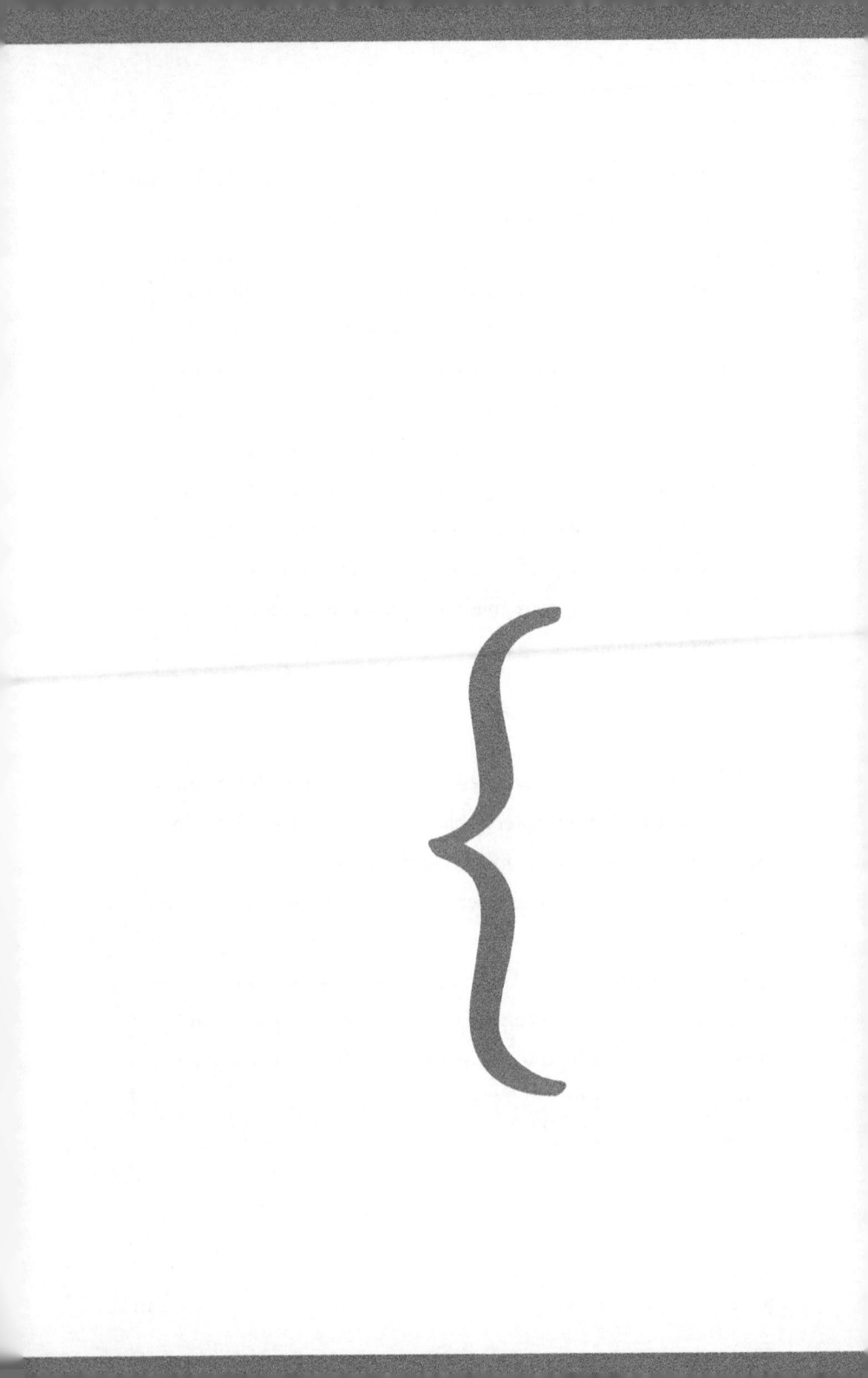

{

um	práticas sociais de uso da linguagem
dois	oralidade e escrita
três	gêneros textuais
quatro	produção e circulação de textos escritos
# cinco	**fatores de textualidade**
seis	língua padrão e variações linguísticas
sete	gêneros acadêmicos: resumo, resenha, relatório e artigo científico

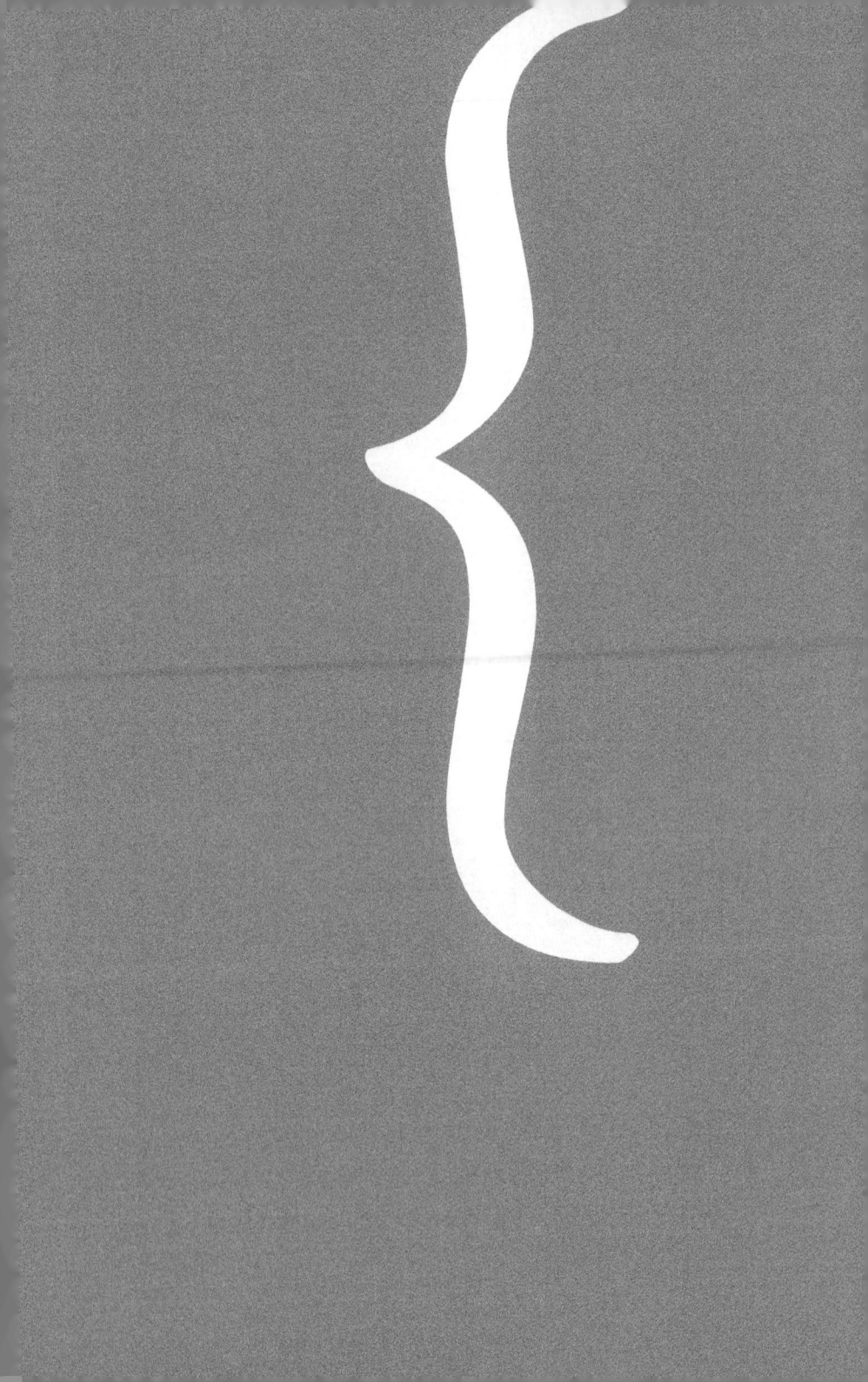

❰ NESTE CAPÍTULO, VAMOS conhecer parte dos estudos da linguística textual a respeito da natureza do texto e dos fatores envolvidos em sua produção e recepção. Essa ciência tem importante papel na pesquisa sobre o que é e como se produz textos.

De acordo com Val (2006, p. 3), *texto* pode ser definido como qualquer "ocorrência linguística falada ou escrita, de qualquer extensão, dotada de unidade sociocomunicativa, semântica e formal". Sendo assim, um texto deve ser avaliado com base em seus aspectos pragmáticos, uma vez que é dotado de unidade sociocomunicativa; em seus aspectos semânticos, visto que é dotado de unidade semântica, ou seja, apresenta um todo coerente; e em seus aspectos formais, uma vez que é dotado de unidade formal, isto é, apresenta um todo coeso.

Ainda segundo Val (2006, p. 5), para ser considerado um texto não basta acoplar sentenças umas às outras, é necessário um conjunto de características, denominado *textualidade*. Esse conjunto de características é relativo aos aspectos pragmáticos, formais e semânticos de um texto; os primeiros dizem respeito ao processo sociocomunicativo, enquanto os últimos ao material linguístico e conceitual.

Os fatores que conferem textualidade a um texto podem, portanto, ser divididos em **fatores linguísticos** (coesão e coerência) e **fatores pragmáticos** (intencionalidade, aceitabilidade, situacionalidade, informatividade e intertextualidade). Vamos discutir cada um desses fatores neste capítulo.

Conforme mencionamos, em um texto não temos apenas um conjunto de frases, mas palavras e frases que estão relacionadas entre si. A ligação e a relação entre as palavras e as frases de um texto são elementos que lhe conferem coesão. Existem elementos gramaticais que assumem a função de estabelecer os vínculos necessários à coesão textual. Por exemplo: em uma sequência narrativa, anunciamos uma determinada personagem pela primeira vez utilizando, quase sempre, um artigo indefinido. A próxima vez em que essa personagem for anunciada será utilizado um artigo definido, já que esse elemento linguístico ajuda a indicar, entre outras coisas, que o termo determinado por ele se refere ao mesmo ser que outro elemento idêntico já mencionou no texto.

Um dos mecanismos mais comuns de coesão é a retomada ou antecipação de palavras, frases ou expressões. A retomada é realizada por meio de termos denominados *anafóricos*, enquanto a antecipação por meio de termos chamados *catafóricos*. A retomada ou antecipação pode ser realizada por palavras gramaticais, como pronomes, verbos ou advérbios. Veja os exemplos:

- Anáfora

  Os livros que você procura estão na estante. O de Português e o de Literatura, este de capa vermelha e aquele de capa marrom.

  O pronome demonstrativo *este* retoma o vocábulo *Literatura*, enquanto o *aquele* recupera de *Português*.

- Catáfora

  O que eu quero da vida é isto: sombra e água fresca!

  O pronome demonstrativo *isto* antecipa *sombra e água fresca*.

A coesão por retomada pode ser realizada, também, por mecanismos lexicais, como classes de palavras – substantivos, adjetivos ou verbos –, repetição, sinônimo, hiperônimo ou hipônimo, por exemplo. Na escrita, a repetição precisa ser utilizada com cuidado para criar um efeito de sentido de intensificação enquanto que na fala esta é uma estratégia de coesão muito comum.

Hiperonímia é uma relação de contém/está contido, enquanto hiponímia é uma relação semântica do tipo inverso, isto é, está contido/contém. Por exemplo, *flores* e *automóveis* são hiperônimos, já *rosas* e *Corsa* são hipônimos.

A coesão também se dá pelo encadeamento de segmentos textuais, por conexão ou por justaposição. A conexão de segmentos do texto pode ser feita por meio de elementos linguísticos denominados *conectores* ou *operadores argumentativos*. Esses elementos, além de ligarem partes do texto, ajudam a estabelecer entre essas partes uma relação de significado. Por exemplo, na sentença "ela fez um regime rígido, mas não perdeu muito peso", o *mas* liga duas orações e ajuda a estabelecer entre elas a relação de quebra de expectativa.

Existe uma série de operadores argumentativos. Alguns marcam uma gradação em uma série de argumentos orientados para uma mesma conclusão (*até mesmo, inclusive*); outros subentendem uma escala com argumentos mais fortes (*ao menos, no máximo, no mínimo*); outros ligam argumentos com a mesma força argumentativa, sem ideia de escala de gradação (como *e, também, além disso*). Existem também operadores que indicam a conexão entre segmentos que levam a conclusões opostas, que têm orientação argumentativa diferente (como *ou, quer... quer*).

Há operadores que marcam uma conclusão em relação ao que foi dito anteriormente (como *logo, portanto, assim*); os que estabelecem comparação de igualdade (*tanto... quanto*), de superioridade (*mais do que*), e de inferioridade (*menos do que*); que introduzem uma explicação como em relação ao que foi dito anteriormente (*porque, já que*); que assinalam uma quebra de expectativa, (como *mas, contudo, porém*) ou que fazem concessões (como *embora, apesar de*), entre outros (Koch, 2003).

Nas aulas de língua portuguesa, é importante trabalhar buscando demonstrar como a coesão ocorre nos diferentes gêneros textuais. Não há vantagem, por exemplo, no estudo isolado de cada um dos operadores argumentativos, pois eles precisam ser vistos efetivamente em textos reais.

Como assinalado anteriormente, os operadores não estabelecem a relação semântica entre as partes do texto por si só, mas ajudam a explicitar essa relação. Os enunciados, portanto, podem ser colocados em sequência, sem o uso dos operadores, o que denominamos *coesão por justaposição*. Nesse caso, o lugar dos operadores será marcado, na escrita, por sinais de pontuação. A justaposição ocorre também com o uso de sequenciadores temporais (*dois meses depois, um pouco mais tarde*, por exemplo), espaciais (como *à esquerda, junto de*), os que marcam a ordem dos assuntos em uma exposição (como *primeiramente, em seguida, por fim*) e os que introduzem um tema ou mudam de assunto (por exemplo, *a propósito, por falar nisso*).

Desse modo, a coesão está relacionada à unidade formal do texto. A coerência, por sua vez, diz respeito à unidade semântica. Nos termos de Val (2006, p. 7), "a coerência diz respeito ao nexo entre os conceitos e a coesão, à expressão desse nexo no plano linguístico".

Para um texto ser reconhecido como tal, é fundamental que seja coerente, mas não necessariamente são explicitados em sua superfície os nexos coesivos. A ausência de elementos que lhe concedem coesão pode ser compensada pela unidade semântica promovida pela sequência de palavras relacionadas em um determinado *script* conhecido pelos falantes. O trecho do poema "A pesca" ilustra essa explicação:

> A pesca
>
> O anil
>
> o anzol
>
> o azul
>
> o silêncio
>
> o tempo
>
> o peixe
>
> [...]

FONTE: Sant'Anna, 2007.

Apesar de não encontrarmos elementos de coesão no exemplo, nem retomando o que foi dito antes nem encadeando segmentos textuais, percebemos no trecho do poema um sentido unitário. Entendemos, uma vez que se trata de um texto coerente, que estão sendo elencados objetos e o ambiente relativos à pescaria. A unicidade semântica é garantida pelo título que aciona em nossa mente um *script* conhecido, logo, também participa dessa unicidade nosso conhecimento de mundo. Cada palavra apresentada em cada verso enumera ações já conhecidas pelos leitores, que já acionaram em suas mentes o conhecimento que possuem sobre a atividade da pescaria. Sendo assim, o todo faz sentido.

Além da coesão e da coerência, os fatores pragmáticos mencionados por Beaugrande e Dressler (citados por Val, 2006) também conferem textualidade aos textos. São eles: intencionalidade, aceitabilidade, situacionalidade, informatividade e intertextualidade.

A intencionalidade e a aceitabilidade são relativas aos participantes do ato comunicativo: a primeira ao produtor do texto e a segunda ao receptor deste. A intencionalidade, portanto, diz respeito ao empenho do falante/escritor em "construir um discurso coerente, coeso e capaz de satisfazer os objetivos que tem em mente numa determinada situação comunicativa" (Val, 2006, p. 10). A aceitabilidade, por sua vez, refere-se à "expectativa do recebedor de que o conjunto de ocorrências com que se defronta seja um texto coerente, coeso, útil e relevante, capaz de levá-lo a adquirir conhecimentos ou a cooperar com os objetivos do produtor" (Val, 2006, p. 10).

A situacionalidade está relacionada "aos elementos responsáveis pela pertinência e relevância do texto quanto ao contexto em que ocorre" (Val, 2006, p. 12).

A informatividade diz respeito às informações apresentadas no texto, as quais precisam ser suficientes para que o leitor/ouvinte compreenda o que era esperado pelo escritor/falante. Um texto é informativo quando consegue acrescentar ao conhecimento do ouvinte/leitor informações novas e não esperadas, dando equilíbrio entre estas e as informações já conhecidas pelo receptor.

Por fim, a intertextualidade diz respeito à relação de um texto com outros textos, pois eles estão sempre dialogando em menor ou maior grau.

Já os critérios sugeridos por Charolles (citados por Val, 2006) para a análise da coerência e da coesão, isto é, dos fatores de textualidade, são: a continuidade, a progressão, a não contradição e a articulação.

A continuidade diz respeito à capacidade de manutenção da unidade do texto por meio da retomada recorrente de elementos no seu decorrer. Assim, para avaliar a continuidade de um texto, é necessário observar se há elementos que retomam suas ideias, conferindo-lhe unidade conceitual, e se no plano linguístico a retomada dos elementos é realizada com estratégias adequadas.

A progressão completa a continuidade, uma vez que, apesar de esta ser necessária, é imprescindível que sejam acrescentadas novas informações, àquelas já mencionadas, que façam o texto progredir. Semanticamente, percebe-se a progressão a partir do acréscimo de ideias novas às já apresentadas. Formalmente, observa-se se os mecanismos oferecidos pela língua para estabelecer a progressão foram utilizados.

A não contradição significa que as partes do texto precisam ser compatíveis entre si, não se contradizendo nem no que está explícito nem naquilo que pode ser inferido a partir da informação dada e nem mesmo no mundo a que se refere.

Por fim, avaliar a articulação significa analisar se as ideias fazem sentido umas com as outras e qual a relação estabelecida entre elas. Val (2006, p. 28) destaca que, com relação à articulação, são dois os aspectos a serem verificados: "a presença e a pertinência das relações entre os fatos e conceitos apresentados".

cincopontoum
Pensando a prática pedagógica

Nesta seção, vamos refletir um pouco mais sobre o ensino específico da coesão textual. Como afirmamos no início deste capítulo, o estudo dos fatores que conferem textualidade a um texto deve ser realizado com base nos diferentes gêneros textuais, tal como propomos o estudo dos mais diferentes aspectos da linguagem ao longo deste livro.

O professor de língua portuguesa deve propiciar em sala de aula uma reflexão a respeito da coesão textual, levando os alunos a perceberem as diferentes formas de relação que as palavras e frases de um texto mantêm entre si. Uma sugestão é a já apresentada proposta de sugerir a observação da função da coesão textual em diferentes textos, problematizando-os. Essa reflexão pode ser realizada em atividades de leitura compartilhada, em análises de textos modelares, em leituras cujo objetivo é ler para revisar.

Durante a leitura compartilhada, é importante que o professor ajude os estudantes a construírem a compreensão leitora, levando-os a perceber as pistas linguísticas responsáveis pela continuidade temática, atentando-os para as retomadas para buscar os referentes, instigando-os a perguntar para identificar os elos perdidos etc.

Com o objetivo de trabalhar a coesão realizada por meio da substituição de um termo por pronomes ou sinônimos ou por meio da estratégia de omissão (coesão referencial), podemos, por exemplo, adaptar um texto (didático) já conhecido pelo aluno, repetindo determinadas palavras sem comprometer seu sentido. Em seguida, orientar os alunos a grifar as palavras repetidas e depois a reescrever o texto, substituindo o que grifaram por palavras equivalentes. Para concluir a atividade, sugerimos apresentar o texto original para que juntos, alunos e professor, observem os recursos que o autor utilizou para evitar a repetição e comparem com o que outros alunos fizeram.

Com o objetivo de trabalhar a coesão sequencial, por exemplo, podemos escolher um texto modelar e propor aos alunos o rastreamento das estratégias de coesão utilizadas pelo autor, demonstrando a importância destas para o encadeamento das ideias e a compreensão do texto. Diante do texto, pode-se solicitar aos alunos que identifiquem nele palavras ou expressões cuja função é indicar ao leitor claramente como articular os segmentos textuais (parágrafos, períodos etc.). Após a identificação, eles devem refletir sobre qual é a relação semântica pretendida. Por exemplo: uma relação temporal ou espacial, uma relação de condicionalidade ou um marcador que visa organizar o modo como os segmentos do texto se estruturam. Quando nos textos dos alunos forem encontrados problemas de coesão, ao invés de apresentar-lhes as soluções, é importante formular perguntas que os auxiliem a identificar o elo perdido (continuidade temática) ou a estabelecer o vínculo entre as informações (progressão temática). Essa forma de intervenção favorece que o aluno desenvolva, paulatinamente, estratégias necessárias para ampliar o domínio da habilidade de construir textos coesos.

Síntese

Neste capítulo, percorremos uma parte dos estudos da linguística textual: a natureza do texto e dos fatores envolvidos em sua produção e recepção. Verificamos que um texto é avaliado com base em seus aspectos pragmático, semântico e formal. Dentro do aspecto pragmático, os fatores que conferem textualidade a um texto são: intencionalidade, aceitabilidade, situacionalidade, informatividade e intertextualidade; dentro do aspecto semântico, a coerência; e no aspecto formal, a coesão. Por fim, vimos, mais uma vez, a importância de estudar os fatores de textualidade em sala de aula não de forma isolada do texto, mas com base em participação na construção dos diferentes gêneros textuais.

Atividades de autoavaliação

1. Sobre fatores de textualidade, assinale a alternativa incorreta:
a. São fatores pragmáticos de textualidade: intencionalidade, aceitabilidade, situacionalidade, informatividade e intertextualidade.
b. A coerência é um fator semântico de textualidade.
c. A coesão é um fator formal de textualidade.
d. São fatores formais de textualidade: correções ortográfica e gramatical.

2. Marque V para verdadeiro ou F para falso nas alternativas a seguir:

( ) O texto falado se estrutura em turnos, enquanto o texto escrito tem o parágrafo como uma de suas unidades de construção.

( ) A coesão e a coerência não são imprescindíveis à textualidade de um texto oral ou escrito.

( ) A coesão contribui para o estabelecimento da coerência, no entanto, não garante a obtenção desta.

( ) A coesão pode ser marcada ou não linguisticamente.

( ) A repetição no discurso falado é uma estratégia produtiva de coesão.

Agora, assinale a alternativa que corresponde à sequência correta:

a. V, V, V, F, F.
b. V, F, V, F, F.
c. F, V, V, V, F.
d. V, F, V, V, V.

3. Considere os mecanismos de coesão e relacione-os com as frases a seguir:

I. Coesão referencial exofórica, ou seja, a remissão é feita a algum elemento da situação comunicativa.

II. Coesão por substituição, ou seja, inserção de um item em lugar de outro elemento do texto.

III. Coesão lexical por sinonímia, ou seja, substituição de um termo por outro sinônimo.

IV. Coesão por elipse, ou seja, substituição por zero.

( ) Quando a senhora ajoelhou-se, todos fizeram o mesmo.

( ) Eu nasci em fevereiro. Meu irmão, em novembro.

( ) A criança brincava muito animada. A mãe nem parecia preocupar-se com a garota.

( ) Você não pode perder essa promoção!

Agora, marque a alternativa que corresponde à sequência correta:

a. I, II, IV, III.
b. III, IV, I, II.
c. II, IV, III, I.
d. IV, I, III, II.

4. Considere os seguintes fatores linguísticos e relacione-os à alternativa correspondente:

I. Intencionalidade
II. Situacionalidade
III. Aceitabilidade
IV. Informatividade
V. Intertextualidade

( ) Diz respeito ao empenho do falante/escritor em construir um discurso coerente, coeso e capaz de satisfazer os objetivos que tem em mente numa determinada situação comunicativa.

( ) Assim como a intencionalidade, é relativa aos participantes do ato comunicativo, mais especificamente às expectativas do recebedor.

( ) Está relacionada "aos elementos responsáveis pela pertinência e relevância do texto quanto ao contexto em que ocorre" (Val, 2006, p. 12).

( ) Diz respeito à relação de um texto com outros textos, pois eles estão sempre dialogando em menor ou maior grau.

( ) Diz respeito às informações apresentadas no texto.

Agora, marque a alternativa que corresponde à sequência correta:
a. I, III, II, V, IV.
b. II, I, III, V, IV.
c. III, IV, I, II, V.
d. I, II, III, IV, V.

5. São consideradas boas estratégias de ensino da coesão nas aulas de língua, exceto:
a. exercícios em frases isoladas.
b. estudo das estratégias de coesão com base em textos modelares.
c. apagamento das estratégias de coesão de um texto para que os alunos pensem em alternativas que serão confrontadas com o texto original.
d. estudar as estratégias de coesão em diferentes gêneros textuais.

Atividades de aprendizagem

Questão para reflexão

Fala e escrita possuem estratégias diferentes de coesão e coerência. O que, algumas vezes, é bastante produtivo na fala pode não ser positivo na escrita e vice-versa. Para refletir um pouco mais sobre essa questão e, assim, estar apto a propor trabalhos com as duas modalidades de língua na sala de aula, leia a seguinte obra: FÁVERO, L.; ANDRADE, M. L.; AQUINO, Z. **Oralidade e escrita**: perspectivas para o ensino de língua materna. São Paulo: Cortez, 2003.

Atividades aplicadas: prática

1. Produza uma análise detalhada dos fatores de textualidade do artigo de opinião a seguir:

Um pouco menos de hipocrisia

É primária a ideia de que o craqueiro pode decidir em sã consciência o melhor caminho para a sua vida.

O uso de droga ilícita é como a moda: vem e passa. Em 1989, comecei um trabalho voluntário em presídios, que dura até hoje. No Carandiru, naquela época, a moda era injetar cocaína na veia. Os presos vinham pele e osso, com os olhos ictéricos e os braços marcados pelas agulhas e os abscessos causados por elas.

Naquele ano, colhemos amostras de sangue dos 1.492 detentos registrados no programa de visitas íntimas: 17,3% dos homens eram HIV-positivos e 60% estavam infectados pelo vírus da hepatite C.

A partir desses dados começamos um trabalho de prevenção que constava de palestras e vídeos educativos. Lembro que o diretor-geral tentou me convencer da inutilidade da iniciativa: "O senhor está sendo ingênuo. Quem injeta cocaína na veia é irrecuperável, não tem mais nada a perder".

Estava errado, o resultado foi surpreendente: em 1992, a cocaína injetável foi varrida do mapa, fenômeno que se espalhou pelos outros presídios e pelos becos da periferia de São Paulo. A moda do baque na veia tinha chegado ao fim.

Não havia motivo para comemoração, no entanto: naquele ano, o crack invadiu o Carandiru. Para entender o que se passou é preciso conhecer um pouco da farmacologia da cocaína.

Quando inalada sob a forma de pó, a cocaína é absorvida através da mucosa nasal, penetra os vasos sanguíneos superficiais, cai na circulação e atinge o cérebro. O processo é relativamente lento, a euforia aumenta gradativamente, atinge o pico e diminui até desaparecer.

Injetada na veia, vai direto para o coração, depois para os pulmões, e volta para o coração, de onde será bombeada para o cérebro. O efeito é muito mais rápido e passageiro. A sensação é de um baque de prazer, daí o nome "baque na veia", experiência muito mais intensa que a obtida por inalação.

Fumada na forma de crack, a droga chega ao cérebro mais depressa do que ao ser injetada na veia, porque não perde tempo na circulação venosa, cai direto no pulmão. Do cachimbo ao cérebro, leva de seis a dez segundos. O efeito é semelhante ao baque da injeção intravenosa, porém, ainda mais rápido e fugaz.

O crack substituiu o baque e se disseminou pela cadeia feito água morro abaixo. Quando um preso negava ser usuário, eu partia do princípio de que mentia. Devo ter cometido pouquíssimas injustiças.

Na segunda metade dos anos 1990, uma das facções que dominavam os presídios se sobrepôs às demais. Seus líderes rapidamente perceberam que os craqueiros criavam obstáculos para a ordem econômica que pretendiam implantar. A solução foi proibir o crack. A lei é clara: fumou na cadeia, apanha de pau; vendeu, morre.

Ao chegar, o egresso da cracolândia dorme dois ou três dias consecutivos; só acorda para as refeições. Depois desse período, passa alguns dias um pouco agitado, mas aprende a viver sem crack.

A cocaína não é tão aditiva como muitos pensam, se o usuário não tiver acesso a ela ou aos locais onde a consumia ou até entrar em contato com companheiros sob o efeito dela, nada acontece. Ao contrário, a simples visão da droga faz disparar o coração, provoca cólicas intestinais, náuseas e desespero.

Quebrar essa sequência perversa de eventos neuroquímicos não é tão difícil: basta manter o usuário longe do crack.

Vale a pena chegar perto de uma cracolândia para entender como é primária a ideia de que o craqueiro pode decidir em sã consciência o melhor caminho para a sua vida. Com o crack ao alcance da mão, ele é um farrapo automatizado que não tem outro desejo senão conseguir a próxima pedra para o cachimbo.

Veja a hipocrisia: não podemos interná-lo contra a vontade, mas podemos mandá-lo para a cadeia assim que roubar o primeiro celular.

Não seria mais lógico construir clínicas pelo País inteiro com pessoal treinado para lidar com os dependentes? Não sairia mais em conta do que arcar com os custos materiais e sociais da epidemia?

É claro que não sou ingênuo a ponto de imaginar que ao sair desses centros de recuperação o ex-usuário se transformaria em cidadão exemplar. Mas ao menos haveria uma chance. Se continuasse na sarjeta, que oportunidade teria?

E se, ao ter alta da clínica, recebesse acompanhamento ambulatorial, apoio psicológico e oferta de um trabalho decente desde que se mantivesse de cara limpa documentada por exames periódicos rigorosos, não aumentaria a probabilidade de ficar curado?

Países como a Suíça, que permitiam o uso livre de drogas em espaços públicos, abandonaram a prática ao perceber que a mortalidade aumenta. Nós convivemos com as cracolândias sem poder

> internar seus habitantes para tratá-los, mas exigimos que a polícia os prenda quando se comportam mal. Existe estratégia mais estúpida?
>
> Na penitenciária feminina, onde eu trabalho hoje, atendo muitas ex-usuárias de crack. Quando lhes pergunto se são a favor da internação compulsória dos dependentes da cracolândia, todas respondem que sim. Nunca encontrei uma que sugerisse o contrário.

FONTE: Varella, 2011.

2. Quais atividades de coesão poderiam ser utilizadas em uma aula de língua portuguesa com base no texto da Atividade 1?

um	práticas sociais de uso da linguagem
dois	oralidade e escrita
três	gêneros textuais
quatro	produção e circulação de textos escritos
cinco	fatores de textualidade
# seis	**língua padrão e variações linguísticas**
sete	gêneros acadêmicos: resumo, resenha, relatório e artigo científico

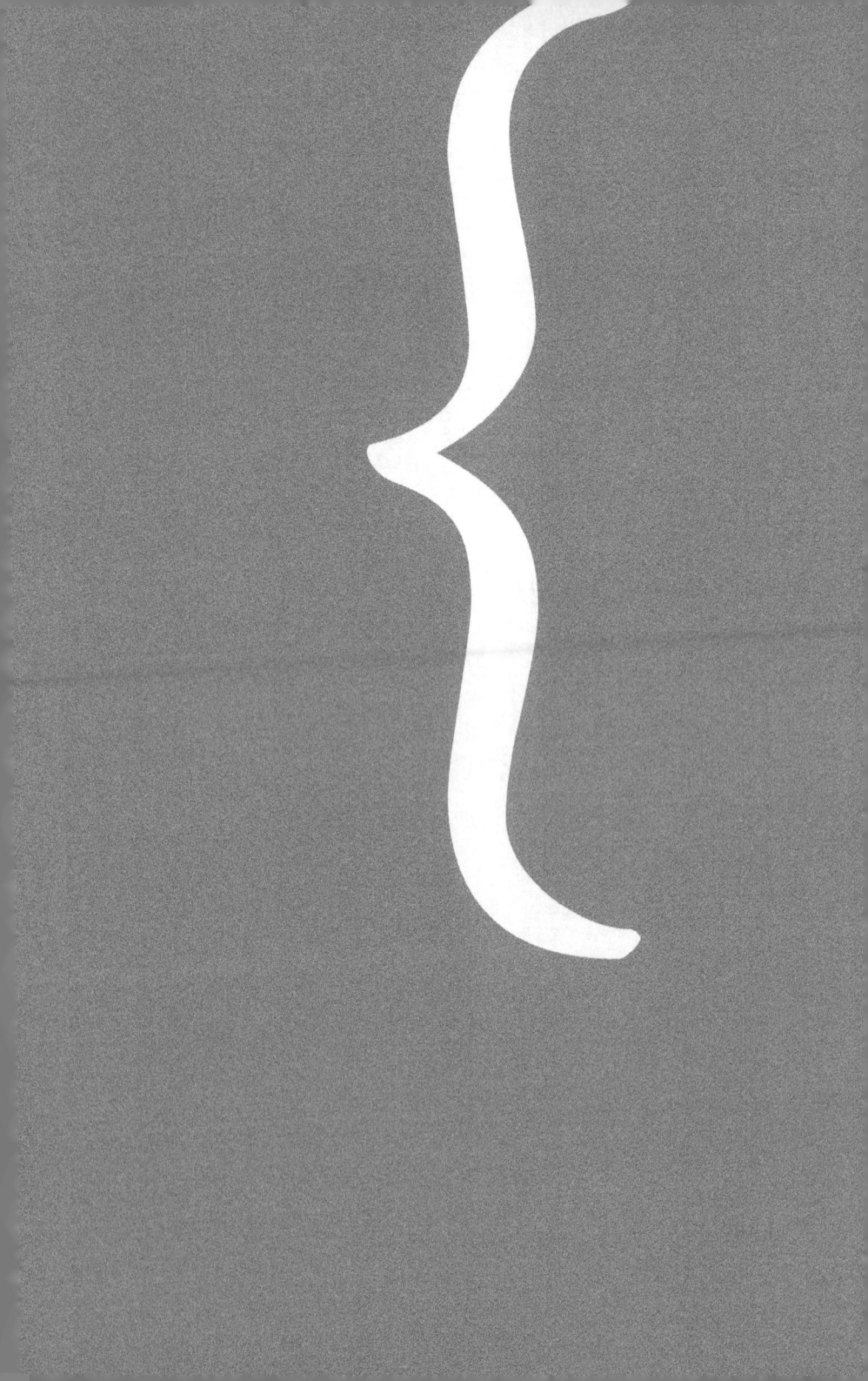

❰NESTE CAPÍTULO, VOCÊ encontrará alguns conceitos sobre o fenômeno da variação linguística, somados a todas as discussões já apresentadas neste material e uma reflexão da prática pedagógica com base em uma proposta de trabalho que utiliza a história da língua portuguesa.

A nova proposta para a pedagogia de língua materna discutida pela linguística, linguística aplicada, psicologia, sociologia da linguagem, sociolinguística e áreas afins propõe se pautar pela tese de que não existe língua errada.

As discussões sobre as relações entre língua e sociedade já estavam presentes nas raízes do estruturalismo saussuriano*, ficaram esquecidas durante estudos gerativistas (uma vez que a pesquisa é focada na competência individual e inata do falante/ouvinte idealizado) e só foram retomadas em meados da década de 1960, com estudos de William Labov (1972) sobre a interferência dos fatores sociais na linguagem e o fenômeno da variação linguística. Desde então, o surgimento de um campo da

---

* O linguista Ferdinand de Saussure contribuiu para a autonomia da linguística ao instituir o objeto primordial de estudos dessa ciência: a língua. Na definição desse objeto, fica claro que língua não se confunde com escrita, tal como foi identificada durante o período em que reinava a tradição gramatical. De acordo com o linguista, a linguagem humana compreende dois aspectos fundamentais que nunca ocorrem separados – a língua (*langue*) e a fala (*parole*). A primeira deve ser entendida como um sistema linguístico que abarca todas as regularidades e os padrões de formação dos enunciados de uma língua, enquanto a segunda deve ser entendida como a execução desse sistema, ou seja, a produção dos enunciados reais. Dessa forma, para que a linguagem humana se constitua, é indispensável que seja falada por um grupo de pessoas, e não que ela seja escrita. Os estudos saussurianos instauraram, assim, uma nova perspectiva de estudos linguísticos baseada no tratamento da linguagem como sistema, a qual podemos responsabilizar pela ampliação do estudo das línguas que não possuem escrita e pela legitimação da diferença como prerrogativa chave da linguagem. Os estudos estruturalistas trouxeram contribuições significativas não só para o desenvolvimento da ciência linguística, mas também para a renovação do ensino de língua materna. Os créditos atribuídos aos estruturalistas foram relativos, principalmente, à adoção de uma postura descritiva em lugar da posição normativa vigente. Tal postura permitiu que as variantes não padrão fossem consideradas objetos legítimos de análise e, consequentemente, propiciou a valorização das variantes linguísticas (em especial a consideração da variante brasileira do português). Dessa forma, mostrou "a precariedade da doutrina gramatical que vinha sendo tradicionalmente ensinada pela escola" (Ilari, 2005, p. 88) e serviu para a constituição de abrangente *corpora*, uma vez que os estruturalistas tiveram, além do interesse descritivo, o cuidado de registrar, tratar e disponibilizar o *corpus* linguístico.

linguística que se dedica aos estudos do fenômeno da variação, a sociolinguística variacionista, vem proporcionando uma visão a respeito da variação linguística diferenciada daquela preconizada pela tradição gramatical, que privilegia a variante tomada como padrão em uma sociedade e estigmatiza como errada as demais variantes da língua.

Os estudos sobre variação correlacionam as variações existentes na fala às diferenças de natureza social, entendendo cada um desses domínios (linguístico e social) como fenômenos estruturados e regulares. Dessa forma, demonstram que as diferenças linguísticas estão intimamente relacionadas a outras diversidades extralinguísticas, como escolaridade, sexo, localidade geográfica e idade, bem como às situações de uso da linguagem.

Para entendermos um pouco mais a teoria da variação, vamos nos ater a alguns pontos que se referem aos conceitos *variável* e *variantes*. Sempre que nos deparamos com diferentes usos de determinado item linguístico, estamos diante de variantes, já quando olhamos para o conjunto dessas variantes, estamos diante de uma variável. A variação pode se dar no nível fonológico, por exemplo, o vocábulo *líquido*, em que podemos observar as seguintes variações (dependendo da escolha do falante): ['likwidu] ou ['likidu]. Nesse caso, para a variável <kwi> temos as variantes [kwi] e [ki].

No nível morfossintático, por exemplo, encontramos no português brasileiro as seguintes construções:

- *os meninos jogam bola.*
- *os meninos joga bola.*
- *os menino joga bola.*

Nesse caso, para a variável concordância, isto é, <agr>, temos as variantes [+agr] e [-agr].

No nível discursivo, por exemplo, encontramos tanto a construção "Fala aí, véi" quanto "Boa tarde, senhor". Temos a variável registro, ou seja, <reg> e suas variantes [+formal] e [−formal]. Os dois diagramas a seguir apresentam, respectivamente, a tipologia das variantes e das variáveis:

FIGURA 6.1 – TIPOLOGIA DAS VARIANTES E DAS VARIÁVEIS

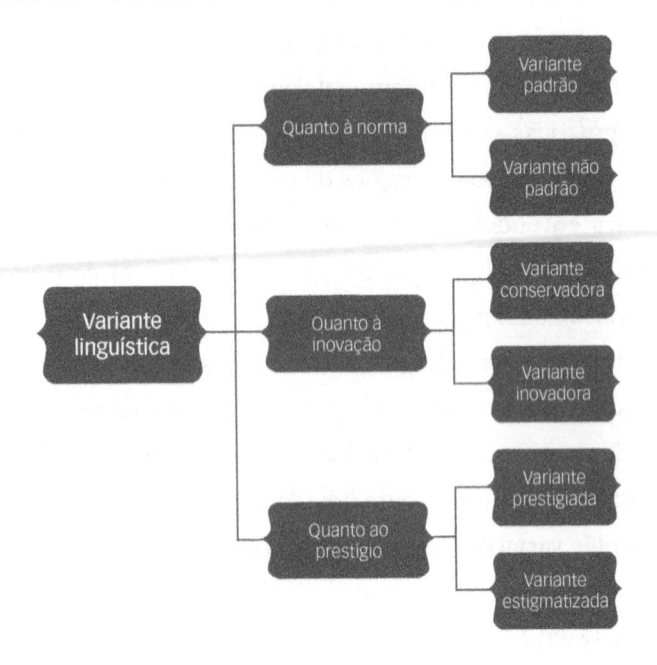

- Variante linguística
  - Quanto à norma
    - Variante padrão
    - Variante não padrão
  - Quanto à inovação
    - Variante conservadora
    - Variante inovadora
  - Quanto ao prestígio
    - Variante prestigiada
    - Variante estigmatizada

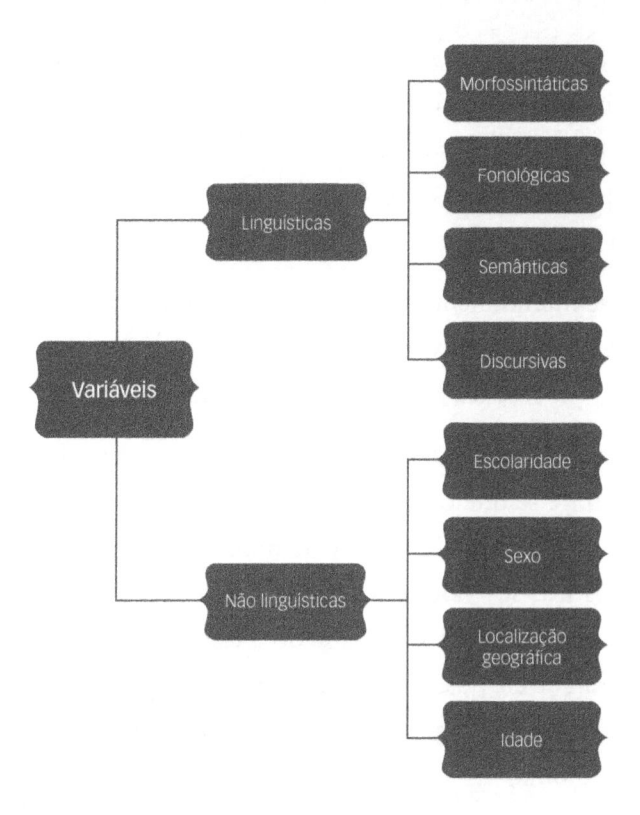

```
                              ┌─ Morfossintáticas
                              ├─ Fonológicas
              ┌─ Linguísticas─┤
              │               ├─ Semânticas
              │               └─ Discursivas
  Variáveis ──┤
              │                   ┌─ Escolaridade
              │                   ├─ Sexo
              └─ Não linguísticas─┤
                                  ├─ Localização geográfica
                                  └─ Idade
```

Quando a língua é concebida como entidade abstrata, temos nas aulas de língua portuguesa algumas ações e concepções rotineiras:

- a língua é percebida como uma meta que deve ser atingida pelo aluno;
- o objetivo da escola é, portanto, ensinar a língua portuguesa a pessoas que desconhecem o idioma;
- a variedade utilizada pelo aluno, não prevista pela gramática normativa, é considerada erro;

- os exemplos e os exercícios utilizados são baseados em usos canônicos e descontextualizados da literatura.
- as competências desenvolvidas nos alunos resumem-se à capacitação para classificar e nomear os elementos formais da língua.

Esse entendimento é duramente questionado pela concepção alternativa da língua como produto sócio-histórico. A mudança de concepção implica em uma série de transformações:

- passa-se a entender que a língua existe em seus falantes;
- assume-se que o objetivo da escola é tratar os usos que o aluno já faz do idioma, adequando-os a diversos contextos;
- substitui-se a noção de *erro* pelo conceito de *adequação*;
- entende-se que a variedade do aluno é o ponto de partida para que ele possa aprender a variedade padrão;
- trabalha-se em sala de aula com base em usos concretos do idioma;
- entende-se que as competências desenvolvidas nos alunos são fundamentadas em práticas sociais de leitura e escrita.

A pedagogia de língua materna pautada na compreensão de língua como entidade abstrata vem perpetuando o preconceito linguístico. Este se dá quando, fundamentados em diferenças na forma de falar, atribuímos ao outro um estereótipo negativo. A língua constitui parte da identidade de um falante, dessa forma, quando identificamos uma variedade linguística como *estranha*, *diferente*, *feia* ou *pior*, estamos atribuindo também a ele essas características. Contudo, não há razões linguísticas que justifiquem tal preconceito. Vejamos o exemplo dos padrões de conjugação verbal no português do Brasil:

1ª coluna	2ª coluna	3ª coluna
Eu tenho	Eu tenho	Eu tenho
Tu tens	Você tem	Cê tem
Ele tem	Ele tem	Ele tem
Nós temos	Nós temos	A gente tem
Vós tendes	Vocês têm	Cês tem
Eles têm	Eles têm	Eles tem

As três colunas exemplificam diferentes formas de entender o padrão de conjugação verbal no português do Brasil. Nas três maneiras é mantida, de alguma forma, a marcação de pessoa e número, seja no verbo, seja no uso do pronome, que passa a ser obrigatório nas duas últimas.

> Logo, não podemos dizer que existe *erro linguístico*, mas um uso diferente da língua, com uma gramática particular. Ressaltamos mais uma vez que isso não significa dar a oportunidade ao aluno de aprender a norma padrão, mas de ampliar sua capacidade linguística, e não reduzi-la, estigmatizando sua variante.

O preconceito linguístico apoia-se em falsos juízos de valor sobre variantes de prestígio e variantes estigmatizadas, ou seja, transforma-se um aspecto social da variante em um aspecto de qualidade linguística. Por isso, torna-se tão difícil substituir a ideia de certo e errado pela ideia de adequação aos diversos contextos de uso da língua, tal como é a proposta da sociolinguística variacionista.

Figura 6.2 – Preconceito linguístico

Creative-Angela/Shutterstock

Apesar de todos os esforços para que sejam rompidas as noções equivocadas sobre o *certo* e o *errado* na língua, provenientes da tradição gramatical, a afirmação de Gnerre (1998, p. 6) de que "uma variedade linguística 'vale' o que 'valem' na sociedade os seus falantes" explica porquê, ainda hoje, a norma padrão representa o uso correto de uma língua e os outros usos configuram erros do falante. A norma padrão é associada à escrita e à tradição gramatical, encontra-se inventariada nos dicionários e é portadora de tradição, cultura e identidade nacional, além de aproximar-se mais da variante utilizada pelos grupos de poder. As demais variantes da língua, ao contrário, pertencem às classes menos favorecidas da população e não estão associadas à escrita. Apesar de muitas vezes serem desconsideradas, são portadoras da tradição, da cultura e da identidade de comunidades específicas, contudo as gramáticas normativas concebem suas variações como erros e corrupções da norma linguística. Portanto, mudanças na prática escolar exigem uma reflexão crítica e consciente da concepção de língua que se adota.

seispontoum
Pensando a prática pedagógica

Para o trabalho em sala de aula com o tema *variação linguística*, vamos apresentar aqui uma proposta pedagógica com 8 aulas de 50 minutos sobre a história da língua portuguesa para alunos do 6º ano do ensino fundamental.

A primeira aula tem como objetivo levar os alunos a conhecerem um elemento de extrema importância na cultura de seu país: sua língua. Iniciaremos com a história de Roma, com o intuito de levá-los a refletir sobre a relação entre a língua de Roma (o latim) e o português.

Iniciaremos a aula perguntando aos alunos se eles têm muitas histórias para contar. Em seguida, vamos pedir a pelo menos dois alunos que contem uma história. Enquanto uma criança conta sua história, escreveremos no quadro: os personagens da história, o lugar onde se passa, quando acontece, sua complicação e seu desfecho. Com esses elementos, vamos propor a seguinte análise: as duas histórias, apesar de diferentes, apresentam elementos (características) em comum: ambas têm personagens, lugar onde se passam etc. Para finalizar a reflexão proposta, comunicaremos que também vamos contar uma história cujos personagens são camponeses disciplinados, o lugar é ao longo do rio Tibre (Alba Longa) e o período se dá nos séculos VIII e IX a.C. (todas essas informações deverão ser colocadas no quadro-negro). Começaremos, então, a contar a história do texto a seguir:

História de Roma

Ao longo do Rio Tibre, nasceu um povo que não se imaginava que chegaria tão longe...

A cidade de Alba Longa foi assim denominada por ter sido construída às margens do "longo" rio Tibre, por um povo simples e disciplinado que vivia, principalmente, da agricultura. Esse povo tinha o hábito de guardar seus alimentos para serem consumidos no inverno, quando a produção era escassa, levando outros povos (que não tinham o mesmo costume) a invadirem constantemente Alba Longa, a fim de roubar os mantimentos guardados. Em busca de proteção, os albanos construíram fortificações em torno da cidade, das quais se destacou Roma, que, por estar voltada para os etruscos, povo muito perigoso, recebeu os melhores soldados.

> Depois de tanto defender seu território, os simples agricultores engrandeceram-se e passaram a não só se defender, mas também a atacar as regiões vizinhas. Assim, aumentaram seu território até se tornarem o mais vasto império de todos os tempos: o Império Romano.

Para concluir, entregaremos o texto impresso para os alunos e um deles deverá fazer a leitura em voz alta. Após a leitura, podemos comentar a respeito da sistematização do texto escrito. Como tarefa para casa, é possível sugerir uma pesquisa cujo objetivo é levar os alunos a pensarem de que forma a história de Roma está ligada a uma aula de português.

> Questão para pesquisa: Considerando que o português é uma língua que evoluiu do latim, de que forma a história de Roma está ligada a uma aula de português?

A segunda aula tem como objetivos: levar os alunos a perceberem o porquê da evolução da língua; possibilitar a visualização da expansão de Roma e a compreensão dos motivos pelos quais os povos dos territórios invadidos passaram a falar o latim. Inicialmente, vamos conhecer os resultados da pesquisa sugerida na aula anterior, solicitando aos alunos que leiam suas respostas. Espera-se que eles percebam que a relação entre a história de Roma e a aula de língua portuguesa está na língua falada pelos romanos: o latim.

Utilizando um mapa da Roma antiga, explicaremos como ocorreu a expansão do estado romano e, consequentemente, da língua latina (esse trabalho pode ser desenvolvido juntamente com o professor de História). Iremos expor por quais motivos os povos invadidos passaram a falar latim e por que assimilaram a nova língua. Mostraremos no mapa que uma das regiões invadidas foi a Lusitânia, atualmente conhecida como Portugal, para onde também o latim foi levado. Para concluir a aula, utilizaremos um trecho de um texto retirado do livro *Emília no país da gramática*.

No Sítio do Pica-pau Amarelo, em uma conversa com as crianças, a velha Dona Etimologia explica:

> [...] Uma língua não para nunca. Evolui sempre, isto é, muda sempre. Há certos gramáticos que querem fazer a língua parar num certo ponto, e acham que é erro dizermos de modo diferente do que diziam os clássicos.
> – Que vem a ser clássicos? – perguntou a menina.
> – Os entendidos chamaram *clássicos* aos escritores antigos, como o Padre Antônio Vieira, Frei Luís de Sousa, o Padre Manuel Bernardes e outros. Para os Carrancas, quem não escreve como eles está errado. Mas isso é curteza de vistas. Esses homens foram bons escritores *no seu tempo*. Se aparecessem agora seriam os primeiros a mudar ou a adotar a língua de hoje, *para serem entendidos*. A língua variou muito e sobretudo aqui na cidade nova [o Brasil]. Inúmeras palavras que na cidade velha [Portugal] querem dizer uma coisa aqui dizem outra. Borracho, por exemplo, quer dizer bêbado; lá quer dizer filhote de pombo – vejam que diferença! Arrear aqui é selar um animal; lá é enfeitar, adornar.
> – Então lá há moças *bem arreadas*? – perguntou Emília.
> – Sim – respondeu a velha. – Uma dama bem arreada não espanta a ninguém lá do outro lado. Aqui, moço significa jovem; lá,

significa serviçal, criado. Também no modo de pronunciar as palavras existem muitas variações. Aqui, todos dizem peito; lá, todos dizem paito, embora escrevam a palavra da mesma maneira. Aqui se diz tenho e lá se diz tanho. Aqui se diz verão; lá se diz v'rao.

— Também eles dizem por lá vatata, vacalhau, baca, vesouro — lembrou Pedrinho.

— Sim, o povo de lá troca muito o V pelo B e vice-versa.

— Nesse caso, aqui nesta cidade se fala mais direito do que na cidade velha — concluiu Narizinho.

— Por quê? Ambas têm o direito de falar como quiserem, e portanto ambas estão certas. O que sucede é que uma língua, sempre que muda de terra, começa a variar muito mais depressa do que se não tivesse mudado. Os costumes são outros, a natureza é outra — as necessidades de expressão tornam-se outras. Tudo junto força a língua que emigra a *adaptar-se* à sua nova pátria.

A língua desta cidade [Brasil] está ficando um dialeto da língua velha. Com o correr dos séculos é bem capaz de ficar tão diferente da língua velha como esta ficou diferente do latim. Vocês vão ver.

FONTE: Lobato, 2008, p. 97-98, grifo do original.

Os alunos deverão fazer a leitura e buscar responder à seguinte questão: "Por que o latim se transformou"? Após a discussão, eles deverão fazer as seguintes atividades:

1. Observe a última fala de Dona Etimologia e o último parágrafo do texto e tente justificar por que em Portugal não se fala mais o latim como era falado em Roma?
2. De acordo com o texto, por que as línguas se modificam?

A terceira aula terá como objetivo levar os alunos a perceberem as diferenças entre o português europeu e a variante brasileira do português, como um exemplo de que as línguas se modificam. Iniciaremos a aula com a correção da atividade proposta na aula anterior, discutindo, com base nas respostas dos alunos, as seguintes questões:

- As línguas evoluem e se transformam no tempo e no espaço.
- As línguas sofrem influência quando entram em contato com outros elementos (cultura, nova língua e novos hábitos).

Dando continuidade à discussão, vamos explicar que quando os portugueses saíram navegando pelo mundo em busca de novas terras, encontraram o Brasil e para cá trouxeram, também, sua língua. Explicaremos ainda que, inicialmente, o índio teve contato com a língua trazida pelos portugueses e, ao longo da colonização, com o negro e os imigrantes europeus.

O texto da aula anterior deverá ser retomado, objetivando encontrar elementos que respondam a pergunta: "O português de Portugal é diferente do português do Brasil"?

No texto, os alunos encontrarão diferenças fonéticas entre as duas línguas. Para demonstrar com mais exemplos as diferenças existentes entre as duas variedades do português, distribuiremos uma fotocópia com gravuras nomeadas, diferentemente, em Portugal e no Brasil.

A quarta aula tem como objetivo levar o aluno a perceber que as línguas sofrem influências externas e, em especial, a conhecer algumas especificidades do português, como as influências de outros povos (os árabes, por exemplo).

Iniciaremos a aula recordando as aulas anteriores e em seguida, explicaremos que, após a expansão do Império Romano, este entra em decadência e seu território passa a sofrer invasões bárbaras; no caso de Portugal, além dos bárbaros, houve uma invasão árabe, que trouxe muitas influências para aquela região. Discorrendo um pouco mais sobre os árabes, vamos comentar que eles possuíam um grande conhecimento matemático e puderam, com isso, levar para Portugal a engenharia de construção de naus, por exemplo, o que proporcionou a expansão marítima portuguesa. Além disso, eles deixaram para o idioma português um grande número de palavras que foram acrescentadas ao nosso dicionário.

Distribuiremos o texto *Todos falamos o árabe** (Bourdoukan, 1997), publicado na revista *Caros Amigos*, em 1997, que contém algumas palavras de origem árabe. Após a leitura, dividiremos o texto em cinco partes:

- Primeira parte (dois primeiros parágrafos) – texto informativo.
- Segunda parte (terceiro parágrafo) – texto narrativo.
- Terceira parte (quarto parágrafo) – história de um senhor de engenho.
- Quarta parte (quinto, sexto, sétimo e oitavo parágrafos) – inclui palavras de origem árabe.
- Quinta parte (último parágrafo) – conclusão.

---

* Você pode ler o texto completo no *link*: <http://mensetmanus.wordpress.com/2009/04/13/todos-falamos-o-arabe/>. Acesso em: 4 dez. 2023.

A quinta aula tem por objetivo dar continuidade ao trabalho iniciado na aula anterior. Iniciaremos discutindo cada parte do texto *Todos falamos o árabe* e, em seguida, serão propostos os seguintes exercícios:

1. Circule no texto as palavras das quais você não conhece o significado.
2. Por que você acha que o autor escolheu esse título?
3. Qual foi o objetivo do autor ao escrever essa história?
4. Na segunda e na terceira parte do texto (segundo nossa divisão em relação ao texto completo), o autor conta duas histórias. Retire dessas histórias:
   - As personagens:
   - O lugar (de onde saíram e aonde chegaram?):
5. O que a maioria das palavras em destaque tem em comum? Copie algumas que você conheça o significado e explique-as com suas palavras.

A sexta aula tem por objetivo levar os alunos a conhecerem as diversas nacionalidades presentes no português do Brasil. Iniciaremos a aula explicando que, com a expansão de Portugal, o português chegou ao Brasil e encontrou índios, que forneceram uma imensa contribuição na formação da nossa língua com nomes para a flora, a fauna, os lugares e as pessoas, assim como os negros trazidos da África nos deram uma rica herança de palavras para nomear divindades, danças, músicas, alimentos e bebidas.

O crescimento do Brasil e as guerras que aconteceram ao longo dos anos trouxeram muitos imigrantes para o país, diversificando nossa cultura e, consequentemente, nossa língua, que tomou como empréstimos diversas palavras novas devido à introdução de objetos e culturas até então desconhecidos.

Conhecemos como estrangeirismos as palavras que foram introduzidas no nosso léxico e são originalmente de outros países e línguas. Algumas dessas palavras encontram-se tão aplicadas a nossa língua que já não percebemos que fazem parte de outra. Porém, há ainda aquelas em fase de transição que são fortemente percebidas como estrangeiras. Para demonstrar essas palavras com exemplos, usaremos outro trecho do livro *Emília no país da gramática*, que explica e fornece exemplos das diversas palavras estrangeiras presentes no nosso vocabulário.

Em uma conversa com as crianças do Sítio do Pica-pau Amarelo, a velha Dona Etimologia explica:

> – Pois é isso, meninada! – disse logo depois a velha. – Vocês já sabem como se formam as palavras da língua. Grande número veio diretamente do latim. Foi *o começo*, a primeira plantação. Depois começaram a *reproduzir-se* lá entre elas, ou a *derivar-se* umas das outras. Depois houve muita entrada de palavras exóticas, isto é, procedentes de países estrangeiros. Depois houve *invenção* de neologismos – e desses vários modos a língua foi crescendo.
>
> Aqui na cidade nova as palavras vindas da cidade velha misturaram-se com inúmeras de origem local, ou palavras índias, que já existiam nas terras do Brasil quando os portugueses as descobriram. A maior parte dos nomes de cidades, rios e montanhas do

Brasil são de origem índia, como tremembé, itu, niterói, itatiaia, goiás, piauí, piramboia etc.

Ita é uma palavra da língua tupi que quer dizer pedra, e tem servido de Prefixo para a formação de muitos Nomes. Temos em São Paulo a cidadezinha de Itápolis, formada de ita, que é indígena, e polis (cidade), que é grega. Pira (peixe) é outra palavra tupi muito usada. Piracicaba, piraquara, guapira.

– Eu gosto muito das palavras tupis e lamento que o Brasil não tenha um nome tirado dessa língua – disse Pedrinho.

– Em compensação muitos Estados do Brasil possuem nomes indígenas, como Pará (rio grande), Pernambuco (quebra-mar), Paraná (rio enorme), Paraíba (rio ruivo), Maranhão (mar grande) e outros. O tupi conseguiu encaixar na língua portuguesa grande número de palavras de uso diário, como taba, moranga, jaguar, araçá, jabuticabal, capim, carioca, marimbondo, pipoca, pereba, cuia, jararaca, urutu, tipiti, embira etc.

– E também muitos Nomes Próprios – advertiu Narizinho. – Conheço meninas chamadas Araci, Iracema, Lindóia, Inaiá, Jandira...

– E eu conheço um menino chamado Ubirajara Guaporé de Itapuã Guaratinguaçu, filho dum turco que mora perto do sítio do Tio Barnabé – lembrou Pedrinho.

– Pois é isso – continuou a velha. – Todas as línguas vão dando palavras para a língua desta cidade. O grego deu muitas. O hebraico deu várias, como messias, rabino, satanás, maná, aleluia.

O árabe deu, entre outras, alfândega, alambique, alface, alfaiate, alqueire, álcool, algarismo, arroba, armazém, fatia, macio, matraca, xarope, cifra, zero, assassino. A língua francesa deu boa quantidade, como paletó, boné, jornal, bandido, tambor, vendaval, comboio, conhaque, champanha. A língua espanhola deu menos do que devia dar. Citarei fandango, frente, muchacho, castanhola, trecho, savana. A língua italiana deu muito mais. Ágio, bancarrota, bússola, gôndola, cantata, cascata, charlatão, macarrão, tenor, piano, violino, carnaval, gazeta, soneto, ópera, fiasco e polenta são palavras italianas. O inglês está dando muitas agora. Das antigas posso citar cheque, clube, tilburi, trole, esporte, rosbife, sanduíche; e entre as modernas há várias trazidas pelo cinema e pelo futebol.

— Eu sei uma! — gritou Pedrinho levantando o dedo.

— Diga.

— *Okey*, que também se escreve com duas letras, *O.K.* Quer dizer que está tudo muito bem.

— Eu sei outra! — disse a menina. — Conheço a palavra *it*, que quer dizer um "quezinho" especial.

— Isso mesmo — confirmou a velha. — Esse novo sentido do velho pronome inglês *it* foi inventado por uma escritora que o botou como título dum seu romance. Pessoa que tem *it* significa pessoa que exerce atração sobre as outras. Emília, por exemplo, é um pocinho de *it*...

A boneca fungou de gosto e Dona *Etimologia* prosseguiu:

— Também vieram muitas palavras da África, trazidas pelos negros escravizados, como banzé, cacimba, canjica, inhame, macaco, mandinga, moleque, papagaio, tanga, zebra, vatapá, batuque, mocotó, gambá.

Da Rússia vieram caleça, cossaco, soviete, bolchevismo etc.

Da Hungria vieram coche, cocheiro, sutche, hussardo.

> Da China vieram chá, chávena, mandarim, leque.
>
> Da Pérsia vieram bazar, caravana, balcão, diva, turbante, tabuleiro, tafetá.
>
> Da Turquia vieram tulipa, odalisca, paxá, bergamota, quiosque.
>
> A velha parou na Turquia, para tomar mais um gole de chá.
>
> – E assim, se foi formando, e se vai formando, a língua. [...]

FONTE: Lobato, 2008, p. 94-96, grifo do original.

Após a leitura, haverá uma discussão sobre o texto:

> Quais palavras o alunos consideravam não serem estrangeiras?
> + Por que elas são estrangeiras?
> + Por que precisamos das palavras estrangeiras?

A sétima aula tem por objetivo: mostrar aos alunos que existem variações na língua devido à classe social, idade, região e escolaridade; comprovar que, muitas vezes, o falante reflete sua variedade linguística na escrita; desconstruir possíveis preconceitos linguísticos.

Iniciaremos a aula mostrando aos alunos as diversas variações linguísticas. Para isso, podemos perguntar a eles se falam como os seus avós, como os apresentadores de jornal televisivo, como as pessoas que moram no Sul ou no Nordeste do Brasil, por exemplo. Com base nessas respostas, exemplificaremos como e por que a língua varia de acordo com aspectos não linguísticos. Por fim, será utilizado o texto *Malinculia* para exemplificar uma variante linguística.

Malinculia

Malinculia, Patrão,
É um suspiro maguado
Quinace no coração!
É o grito safucado
Duma sôdadeiscundida
Qui nos fala do passado
Sem se tornácunhicida!
É aquilo qui se sente
Sem se pudêispricá!
Qui fala dentro da gente
Mas qui não diz onde istá!
Malinculia é tristeza
Misturada cum paxão,
Vibrando na furtaleza
Das corda do coração!
Malinculia é qui nem
Um caminho bem diserto
Onde não passa ninguém...
Mas nem purisso, bem perto,
A tá da malinculia
Não tem casa onde morá...
Ela véve noite e dia
Os coração a rondá!...
Não tem corpo, não tem arma,
Não é home nem muié...
E ninguém lhe bate parma
Pru causo de sê quem é!
Ela se isconde num bêjo
Qui foi dado ha muntos ano...
Malinculia é desejo,
É cinza de disingano,
Malinculia é amô
Pulo tempo sipurtado,
Malinculia é a dô
Qui o home sofre calado
Quando lhe vem à lembrança
Passages de sua vida...
Juras de amô... isperança...
Na mucidade colhida!
É tudo o qui pode havê
Guardado num coração!
É uma histórqui se lê
Sem forma de ispricação!
Pruquê inda vai nacê
O home, ou mêrmo a muié,
Capacitado a dizê
Uma voz misteriosa
Relata muntobaxinho
Umas histórasôdosa,
Cheias de amô e carinho!
Seu moço, malinculia

> É a luz isbranquiçada
> Dos anoqui se passou...
> É ternura... éaligria...
> É uma frôprêfumada
> Mudando sempre de cô!
> Às vez ela vem na prece
> Qui a gente reza sósinho.
>
> Outras vez ela aparece
> No canto dum passarinho,
> Numa lembrança apagada,
> No rumance dum amô,
> Numa coisa já passada,
> Num sonho qui se afindou!
> Malinculia o qui é!!!

FONTE: Sales, citado por Bagno, 2006, p. 197.

Após a leitura, será proposto um diálogo sobre a variante linguística utilizada pelo autor do texto. As seguintes questões podem orientar a reflexão:

> + O texto está na norma padrão da língua? Por quê?
> + Alguma palavra ou expressão mostra qual a classe social do autor? E o seu grau de escolaridade? Sua idade? A região do Brasil de onde ele vem?
> + Será que o texto ficaria igual se fosse escrito na norma padrão da língua?

Para finalizar a sequência de atividades, na oitava aula os exercícios serão corrigidos e colocaremos na lousa um pequeno texto conclusivo sobre variação linguística:

> Qual é melhor, a variante popular ou a norma padrão?
> Não existe forma melhor ou pior de uso da língua. O importante é saber quando é mais adequado usar uma linguagem e quando é melhor usar a outra. No bate-papo com os colegas, em casa, na

rua e em situações do dia a dia, a variante popular é a mais utilizada pelos falantes. No entanto, há momentos em que é preciso usar uma variante mais próxima da norma padrão, por exemplo, em uma conversa com pessoas de mais cerimônia ou em uma apresentação de trabalho. Quando não adequamos nosso jeito de falar à pessoa com quem falamos e à situação em que ocorre a comunicação, corremos o risco de não sermos compreendidos.

Os seguintes questionamentos poderão ser feitos aos alunos:

1. O texto é escrito de acordo com a norma padrão da língua?
2. O autor descreve um sentimento. Que sentimento é esse?
3. Ele nomeia esse sentimento como você? Por quê? Demonstre, tirando exemplos do texto, que o autor escreve como fala.
4. Por que não se fala na Bahia como se fala em São Paulo?
5. Existe uma norma padrão também para a fala. Em que situações ela é usada?

Síntese

Neste capítulo, pudemos compreender um pouco mais sobre a teoria do fenômeno da variação e, consequentemente, sobre o preconceito linguístico. Vimos que reconhecer a variação nas línguas significa conhecer sua grande riqueza, e não sua deficiência – como preconizou a tradição gramatical. Além disso, afirmamos a importância de a escola assumir o papel de ensinar a norma padrão da língua, mas sem com isso rechaçar as variantes. Ter consciência dessas questões é de extrema importância para o professor de português, para que ele aja contribuindo para a desconstrução dos mitos e preconceitos em torno das variedades da língua.

Atividades de autoavaliação

1. Analise a afirmação a seguir e assinale a alternativa correta:

    Mudar a concepção de língua como uma entidade abstrata para a concepção de língua como um produto sócio-histórico implica em não ensinar a variante padrão da língua na sala de aula.

    a. A afirmativa é verdadeira. Os professores devem valorizar as variantes dos alunos em sala de aula e demonstrar que todas possuem uma gramática legítima.

    b. A afirmativa é falsa. Valorizar as variantes não significa negar ao aluno o direito ao acesso à variante padrão da língua e o aprendizado da adequação da linguagem nos diferentes contextos.

    c. A afirmativa é falsa. Os professores precisam conhecer uma nova concepção, mas esta não tem reflexos claros na prática pedagógica.

    d. A afirmativa é verdadeira. A concepção de língua como produto sócio-histórico pressupõe que o objetivo da escola é ensinar a língua portuguesa a pessoas que não sabem o idioma.

2. Marque V para verdadeiro ou F para falso nas afirmações relativas ao preconceito linguístico:

    ( ) O preconceito linguístico apoia-se em questões puramente linguísticas, pois quem não usa a variante padrão da língua faz uso de um modo de falar desregrado e que não apresenta gramática coerente.

    ( ) A linguagem está intimamente relacionada à identidade do falante. Se a variante utilizada por ele é tachada como *estranha, errada, feia* ou *pior*, a ele são atribuídas tais características.

( ) O preconceito linguístico apoia-se, geralmente, em falsos juízos de valores relativos a aspectos sociais e econômicos.

( ) O preconceito linguístico se define pelo juízo de valor negativo que é atribuído ao modo de falar de um grupo de pessoas.

Marque a alternativa que corresponde à sequência correta:

a. F, V, V, F.
b. V, F, V, V.
c. F, V, V, V.
d. V, V, V, F.

3. Com base na proposta da teoria variacionista, qual atividade poderia ser desenvolvida em aulas de língua portuguesa com, por exemplo, o poema *Aos poetas clássicos* de Patativa do Assaré, por exemplo? Veja o trecho a seguir:

Aos poetas clássicos

Poetas niversitário,
Poetas de Cademia,
De rico vocabularo
Cheio de mitologia;
Se a gente canta o que pensa,
Eu quero pedir licença,
Pois mesmo sem português
Neste livrinho apresento
O prazê e o sofrimento
De um poeta camponês.
Eu nasci aqui no mato,

Vivi sempre a trabaiá,
Neste meu pobre recato,
Eu não pude estudá
No verdô de minha idade,
Só tive a felicidade
De dá um pequeno insaio
In dois livro do iscritô,
O famoso professô
Filisberto de Carvaio.
No premêro livro havia
Belas figuras na capa,

> E no começo se lia: E tantas coisa bonita,
> A pá — O dedo do Papa,   Qui o meu coração parpita
> Papa, pia, dedo, dado,   Quando eu pego a rescordá.
> Pua, o pote de melado,   [...]
> Dá-me o dado, a fera é má

FONTE: Assaré, 2014.

a. Proposta de reescrita do poema, adequando-o à norma culta padrão da língua.

b. Discussão a respeito dos elementos linguísticos que caracterizam a variante linguística representada; pesquisa sobre qual comunidade utiliza a variante representada no poema e estudo do preconceito linguístico; reflexão sobre as características linguísticas da variante representada.

c. Aproveitamento do poema para tratar dos demais vícios de linguagem, como o pleonasmo vicioso ou o cacófato.

d. É melhor não trabalhar com esse poema, pois ele não utiliza a norma padrão da língua, não cabendo ao ambiente escolar.

4. Leia o trecho a seguir e assinale a alternativa que descreve uma atividade adequada para ser desenvolvida em uma aula de língua portuguesa cuja concepção de língua é condizente com a proposta da sociolinguística.

> *Prezados reeducandos deste estabelecimento penal, o humilde interlocutor que vos dirige o verbo tem a honra de anunciar esta grande artista figurativa da televisão. Musa indomável da arte dançarina. Aquela que foi a bailarina crooner do impredizível*

Chacrinha, que Deus o tenha. Nesse momento festivo, convido para adentrar ao palco a madrinha da casa de detenção: Rita Cadillac! (Varella, 1999, p. 77)

a. Discussão sobre a adequação da variante linguística utilizada pelo apresentador.
b. Reescrita do texto, adequando-o a uma variante menos formal.
c. Discussão a respeito de como aspectos não linguísticos, como escolaridade, sexo, idade, localização geográfica são revelados por meio da linguagem.
d. Todas as alternativas anteriores estão corretas.

5. Assinale qual seria a avaliação adequada para a atividade proposta, baseando-se na teoria da variação. Suponha que você se levantou indisposto e não poderá ir ao trabalho hoje, então, deverá avisar seu chefe e um amigo do trabalho com quem havia combinado um cinema depois do trabalho. Escreva dois *e-mails*, um para o chefe e outro para o amigo, demonstrado a necessária variação de registro.

a. Essa atividade é desnecessária, uma vez que o *e-mail* é um gênero que não precisa ser trabalhado em sala de aula e nem a variante não padrão da língua (que provavelmente seria utilizada no *e-mail* para o amigo).
b. Essa atividade é bastante positiva, pois trabalha a variação de registro e ainda possibilita a observação de que a língua escrita também varia.
c. Essa atividade é incoerente, pois ambos os *e-mails* poderiam ser redigidos de maneira idêntica.

d. Trabalhar com os gêneros midiáticos é importante, mas devemos focar apenas nos usos formais do *e-mail*, ou seja, naqueles que requerem a variante padrão da língua.

Atividades de aprendizagem

Questões para reflexão

1. Qual a relação entre a concepção de língua adotada e o estudo das variedades linguísticas? Como o estudo da variação influencia a prática do professor em sala de aula?

2. Leia o seguinte fragmento e responda às questões:

   De acordo com a Teoria da Variação e Mudança, a língua é um fenômeno intrinsecamente heterogêneo, justamente porque é usada em nosso dia a dia, tendo por consequência de [sic] dar conta das muitas situações sociais em que nos envolvemos quando falamos. O locutor e o interlocutor atuam em diferentes espaços, concretamente configurados. Para se comunicar com eficiência, eles fazem diferentes escolhas no multissistema linguístico, as quais deixarão marcas formais em sua produção linguística. (Castilho, 2009)

   a. Pode-se afirmar que um falante competente é aquele que se expressa sempre na variante padrão da língua? Por quê?
   b. Dentro da perspectiva da teoria da variação e mudança, é possível afirmar que quem não faz uso da forma prescrita pela gramática está cometendo um erro? Por quê?

Atividade aplicada: prática

Em nossa sociedade, é bastante comum encontrarmos placas com problemas de inadequação à norma padrão da língua ou com marcas de algumas variantes específicas. Com base nas propostas da teoria da variação e mudança, analise os cartazes a seguir e desenvolva, com seus colegas, uma atividade para uma aula de língua portuguesa:

CHURRASCARIA
RODÍZIO · SERVE-SERVE-SE · MARMITEX

GELO GELADO 24h →

SERVIMOS SUCO NATURAL DO PÓ DO GUARANÁ A FLÔR DE ZÍACO DO AMAZONAS

COMIDA CASEIRA MALMITEX ALIÓ →

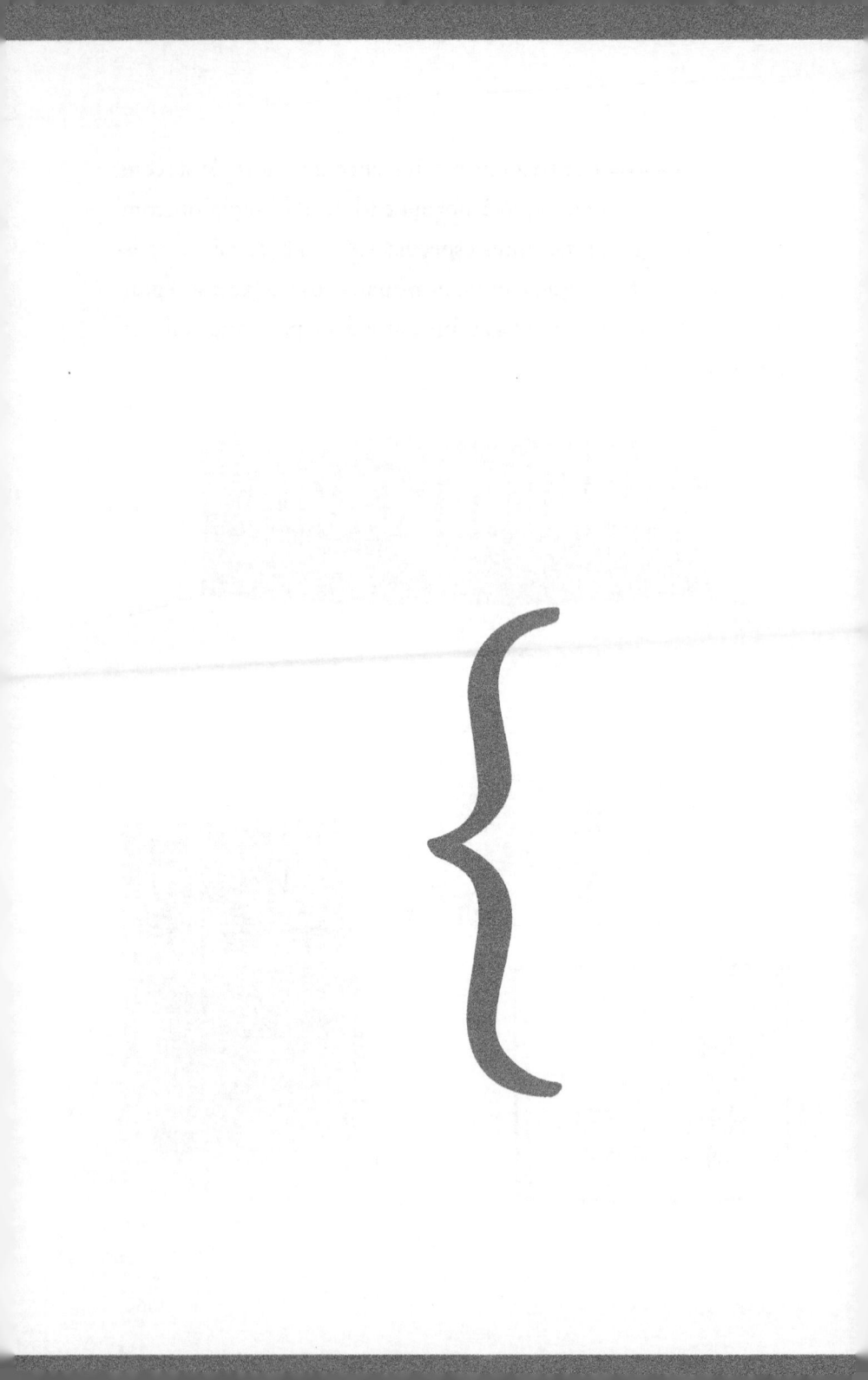

{

um	práticas sociais de uso da linguagem
dois	oralidade e escrita
três	gêneros textuais
quatro	produção e circulação de textos escritos
cinco	fatores de textualidade
seis	língua padrão e variações linguísticas
# sete	gêneros acadêmicos: resumo, resenha, relatório e artigo científico

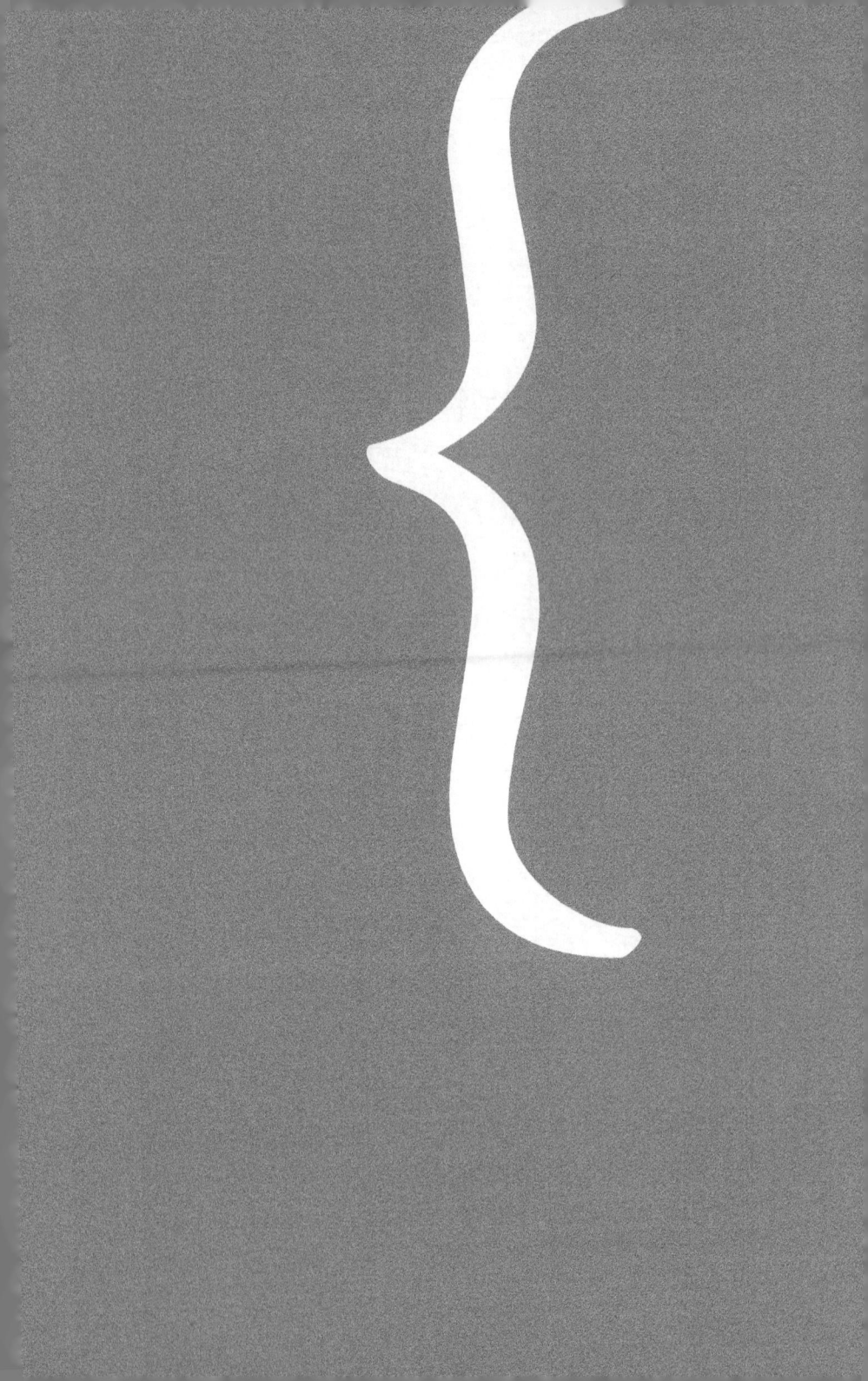

A RESENHA, O resumo, o relatório e o artigo científico são considerados gêneros típicos da esfera escolar ou acadêmica por funcionarem como importantes instrumentos no processo de aprendizagem, bem como no processo de divulgação e circulação de teorias e materiais de pesquisa. O aprendizado desses gêneros pode e deve ser iniciado na escola e aprimorado no curso superior. Neste capítulo, vamos discutir algumas características desses gêneros textuais, bem como algumas estratégias para o desenvolvimento das habilidades necessárias à sua confecção*.

---

* Na seção "Bibliografia Comentada" deste livro, indicamos o material produzido pelas autoras Anna Raquel Machado, Eliane Lousada e Lília Santos Abreu-Tardelli, intitulados *Resumo* (2004) e *Resenha* (2007), que constituem propostas inovadoras para o trabalho com esses gêneros acadêmicos. Nessas obras, as autoras propõem atividades bem elaboradas que auxiliam no desenvolvimento das habilidades necessárias para a elaboração de resumos acadêmicos e resenhas.

No segundo capítulo deste material didático, discutimos o fato de alguns gêneros da oralidade serem cobrados em sala de aula sem nunca terem sido estudados sistematicamente, como o caso do gênero *exposição oral de trabalho*. Assim como se pressupõe, equivocadamente, um pré-conhecimento relativo aos gêneros da oralidade, mesmo os pertencentes à oralidade formal, presume-se, em especial no ambiente acadêmico, a capacidade dos estudantes para produzir textos da esfera tipicamente escolar ou acadêmica, como resumos, resenhas, relatórios e artigos científicos.

Acredita-se que aqueles que têm o domínio da escrita estão aptos a escrever textos dos mais variados gêneros, basta conhecer-lhes a estrutura básica. No entanto, quem já foi aluno ou já solicitou a seus alunos a produção desses gêneros, conhece a dificuldade encontrada para produzi-los. Não basta o uso da norma padrão da língua e o conhecimento da organização estrutural dos gêneros acadêmicos, é importante desenvolver uma série de capacidades complexas.

Comecemos pelo gênero *resumo*. Um trabalho pedagógico com os alunos sobre esse gênero pode ser iniciado com a elaboração de um resumo com base em um filme ou um livro lido por todos. Nessa primeira produção, os alunos partiriam de seus conhecimentos prévios sobre o gênero. Em um segundo momento, o professor deve selecionar (na internet, em produções anteriores de alunos ou em textos produzidos propositalmente pelo professor) alguns resumos que exemplifiquem as dificuldades comuns na construção desse gênero, tais como: falta de clareza na apresentação para o leitor (material resumido e autor); não demonstrar de forma evidente de quem são as ideias apresentadas (do autor do resumo ou do autor do material resumido); omissão de ideias essenciais para o entendimento da questão discutida no material resumido; mistura de opiniões pessoais com as ideias do texto; cópias do texto original, sem uso de aspas ou sem mencionar as referências, sem guardar as relações estabelecidas pelo autor no texto original etc.

A análise dos exemplos auxilia os alunos na identificação de suas próprias dificuldades ao comparar com o primeiro resumo produzido por eles. Em seguida, é possível utilizar um resumo modelar para destacar as características fundamentais do gênero:

- Apresentação dos dados básicos do texto resumido (autor, obra, onde foi publicado, quando etc.).
- Apresentação das informações reconhecidas como essenciais ao texto original e identificação das relações entre as ideias expostas.
- Menção ao autor do material que está sendo resumido de formas diversas (nome e sobrenome, apenas o sobrenome, a função social, pronomes etc.) e em diferentes partes do resumo (é importante deixar claro que as ideias não pertencem ao autor do resumo).
- Menção das ações do autor no material original (o pesquisador "argumenta", "diz", "afirma", "pensa").
- Uso da norma padrão da língua portuguesa.

> O estudo de exemplos modelares ajuda a identificar, com o auxílio do professor, os principais pontos do gênero estudado.

Existem diferentes tipos de resumo em nossa sociedade, dentre eles, resumos de: livros, filmes e peças de teatro; de capítulos de novela; de trabalhos científicos etc. É importante demonstrar para os alunos a existência desses textos e as características peculiares do resumo acadêmico.

Após uma visão mais ampla do gênero *resumo*, deve-se aprofundar na aprendizagem de algumas capacidades fundamentais para a construção do gênero. A primeira capacidade que podemos destacar é a de sumarizar ou resumir as ideias centrais do texto, uma vez que entre os alunos selecionar apenas os pontos-chave do texto original constitui uma dificuldade comum.

Machado, Lousada e Abreu-Tardelli (2004) destacam alguns procedimentos que auxiliam no processo de sumarização:

- Apagar conteúdos que podem ser inferidos a partir de nosso conhecimento de mundo.
- Apagar sequências sinônimas ou explicativas.
- Apagar exemplos.
- Apagar justificativas para uma afirmativa.
- Apagar contra-argumentação.
- Utilizar termos genéricos.
- Conservar informações que não são resumíveis. É possível fazer citação.

Os alunos devem ser orientados a utilizar as diferentes estratégias em trechos de textos para exercitar a capacidade de sumarização. Outro ponto a ser considerado na sumarização diz respeito aos seus objetivos, ou seja, o destino do material produzido influencia na seleção das informações a serem reportadas como mais importantes. Por exemplo, em um resumo de uma partida de futebol cujo destinatário é um torcedor fanático, teremos a seleção de informações diferentes daquela que escolheríamos caso o interlocutor fosse um treinador de goleiros ou um fisioterapeuta. Para desenvolver essa habilidade, os alunos podem ser solicitados a fazer um resumo de um texto tendo em mente leitores diferentes. Após a confecção dos resumos, deve-se propor a discussão das informações selecionadas para cada destinatário.

Para realizar um bom resumo, é imprescindível o entendimento do texto a ser resumido, o que requer a leitura cuidadosa do material. Os estudantes precisam ser orientados a observar o título do texto, o autor e o local da publicação e a tentar construir um esquema mental da leitura que virá (planejar). Em seguida, deve-se passar à leitura, buscando verificar se as ideias sobre o texto, que constituíram o esquema mental sobre ele, coincidem com o texto real. Para ajudá-los no entendimento da estrutura do texto, as principais ideias e suas relações, pode ser desenvolvido um estudo sobre os operadores argumentativos. Com base em um texto modelar, pode-se buscar encontrar a posição do autor, seus argumentos, a conclusão e os operadores que ajudam a articular essas partes. Em seguida, sugere-se aprofundar nas relações que os operadores argumentativos ajudam a estabelecer.

A estratégia de fazer referência ao autor do texto que está sendo resumido é fundamental para que o autor do resumo deixe explícito que as ideias apresentadas pertencem ao escritor do texto original e não a ele. A partir da análise de um texto modelar, os discentes conseguem identificar as maneiras utilizadas na menção ao autor do texto original: nome e sobrenome, sobrenome, função social, pronomes, sujeito oculto etc.

A estratégia de "atribuição de atos" ao autor do texto original também é essencial, uma vez que uma interpretação equivocada da ação deste pode ocasionar a afirmação de informações que não condizem com o material resumido. O leitor deve identificar quais são essas ações no resumo pela utilização de verbos que as traduzam.

Segundo Machado, Lousada e Abreu-Tardelli (2004), as ações podem ser do tipo: posicionamento do autor em relação à sua crença na verdade do que é dito (afirma, nega, acredita, duvida); indicação de conteúdo geral (aborda, trata de); organização das ideias do texto (define, classifica, enumera, argumenta, inicia, conclui); indicação de relevância de uma ideia do texto (enfatiza, ressalta); e ação do autor em relação ao leitor (incita, busca levar a).

Para concluir o estudo do gênero *resumo*, deve-se solicitar ao aluno a elaboração de um novo resumo, a partir do mesmo material da produção inicial, utilizando as estratégias aprendidas e atendando para suas dificuldades iniciais.

O gênero *resenha* aproveita as habilidades verificadas no gênero *resumo*, às quais são acrescentadas outras, específicas do primeiro gênero. Para o trabalho pedagógico com a resenha, é possível, mais uma vez, começar pela produção inicial com base no conhecimento prévio dos alunos sobre o gênero. Em seguida, a leitura de um texto modelar do gênero ajuda na identificação das partes de uma resenha.

Tal como em um resumo, o resenhista inicia o texto apresentando as informações sobre a obra a ser resenhada: título, autor, contexto e tema da obra. Em seguida, faz uma descrição estrutural da obra resenhada (*o livro se divide em capítulos...; o artigo se estrutura a partir de seções sobre...*). O resumo das informações centrais pode ser feito aproveitando a organização do original. Somente após cumprir essas etapas o resenhista passa à apreciação da obra. É importante que ele evidencie tanto os pontos positivos quanto os negativos, começando sempre pelos positivos. Por fim, o resenhista conclui, revelando sua posição sobre o material resenhado.

> A diferença básica entre resumo e resenha encontra-se, portanto, nessa parte final, apreciativa.

Além de desenvolver as habilidades já apresentadas para o resumo, no estudo do gênero resenha é importante desenvolver a habilidade de avaliar. Para apresentar avaliações sobre um texto, é fundamental ter polidez para atenuar a força das apreciações negativas e não hostilizar o autor do texto resenhado.

A modalização da linguagem é conseguida balanceando-se avaliações positivas e negativas (em construções adversativas) com:

- o uso de alguns auxiliares modais. Veja como os diferentes auxiliares trazem forças diferentes para o enunciado:
    - *Lula deve ser presidente.*
    - *Lula pode ser presidente.*
    - *Lula precisa ser presidente.*
    - *Lula quer ser presidente.*

- o uso de predicados cristalizados (por exemplo, *é necessário que...; é possível que...*);
- advérbios modalizadores (por exemplo, *certamente, provavelmente, necessariamente, possivelmente*);
- verbos de atitude proposicional que anunciam a postura enunciativa do escritor (por exemplo, *eu acho, eu penso, creio, duvido*);
- o uso de verbos no futuro do pretérito (por exemplo, *seria, faltaria*).

Os comentários podem ser apresentados de maneira explícita, ou seja, com expressões que anunciam o posicionamento do resenhista (*na minha opinião, a meu ver, penso que, considero que*) ou de maneira implícita, com o uso de adjetivos que demonstram o caráter avaliativo da sentença (*Joaquim Mendes realizou um bom trabalho de pesquisa...*).

Outro gênero bastante comum no espaço acadêmico são os *relatórios de pesquisa*. O gênero *relatório* é caracterizado pela descrição de resultados que vêm sendo obtidos em atividades acadêmicas, como pesquisas, palestras e outros eventos, experiências profissionais, visitas técnicas etc. A estrutura do gênero *relatório* é a seguinte:

- Capa – Nela constam cabeçalho com nome da instituição, curso, disciplina; nome do docente, título do relatório, nome do acadêmico; período, local e data centralizados no final da página.

- Folha de rosto – nela são apresentados nome do autor, título e especificações, por exemplo, *Relatório entregue ao professor "Fulano de Tal", sobre a pesquisa de campo XXX).*
- Texto propriamente dito – Dividido em introdução (apresentando o local onde foi realizada a atividade, o período, os objetos e objetivos da atividade), desenvolvimento (descrevendo, resumidamente o conteúdo das atividades realizadas) e conclusão (reiterando os avanços acadêmicos que a atividade proporcionou ao aluno e à sociedade).
- Anexos – Caso existam (tabelas, gráficos, mapas, fotos, certificados etc.).

O artigo científico é composto pelos gêneros *resumo, resenha* e *relatório*. Consiste na apresentação resumida ou resenhada da teoria que dá sustentação ao trabalho em desenvolvimento e ao relatório das atividades de pesquisa realizadas. Segundo consta nas normas da Associação Brasileira de Normas Técnicas – ABNT (2003, p. 2), "artigo científico é parte de uma publicação com autoria declarada, que apresenta e discute ideias, métodos, técnicas, processos e resultados nas diversas áreas do conhecimento". É produzido geralmente para publicação em revistas ou periódicos especializados com a finalidade de divulgar pesquisas do meio acadêmico.

O primeiro passo para a construção de artigos científicos é a leitura dos textos de fundamentação teórica e o fichamento destes. Em seguida, é necessário estabelecer o tipo de produção que se deseja, visto que o artigo científico pode ser do tipo original ou de divulgação – apresentam temas ou abordagens originais como relatos de caso, comunicação, notas prévias, apresentação de análise de dados –, bem como do tipo revisão – discutem e analisam trabalhos já publicados, realizam revisões bibliográficas etc.

A primeira parte consiste na apresentação de um resumo do objeto e das finalidades do artigo científico. O resumo deve vir em um parágrafo único, no máximo uma página, e com as palavras-chave ao final.

A introdução deve conter a exposição do objeto de estudo, a justificativa e os objetivos a serem alcançados; um resumo do que será tratado em cada parte do texto, proporcionando dessa forma uma orientação ao leitor.

O referencial teórico deve conter resumos ou resenhas dos textos que serviram de embasamento teórico e que sustentam a pesquisa realizada. Esses resumos ou resenhas precisam ser articulados no decorrer do texto. Por exemplo: caso esteja trabalhando com o tema da educação da oralidade, o arcabouço teórico deverá conter uma argumentação consistente que justifique a importância de se incluir nas aulas de língua portuguesa o ensino dos gêneros orais. Essa argumentação poderá conter: um levantamento de alguns trabalhos de outras áreas do saber (sociologia, filosofia) que delineiam a sociedade contemporânea em processo de transformação de seu sistema de valores e condutas; os reflexos dessa transformação nas instâncias públicas e privadas de interação; um breve histórico dos estudos da linguagem e seus retornos na educação linguística; o espaço oferecido para o ensino da oralidade e o levantamento de trabalhos com propostas para o estudo dos gêneros orais.

A metodologia deverá conter uma descrição do objeto de análise e de todas as etapas e os procedimentos de desenvolvimento da pesquisa. A apresentação da pesquisa (suas análises e resultados) deve ser realizada na etapa seguinte à metodologia.

A conclusão é constituída por uma retomada sucinta dos objetivos do trabalho, da pesquisa desenvolvida e dos resultados obtidos. Ao final do artigo, devem constar as referências que consistem na apresentação de todas as obras citadas no corpo do texto.

Síntese

Neste capítulo, vimos algumas habilidades importantes na construção de gêneros textuais típicos da esfera escolar/acadêmica, como o *resumo*, a *resenha*, o *relatório de pesquisa* e o *artigo científico*. O conhecimento relativo às estratégias de confecção desses gêneros é indispensável a qualquer aluno, uma vez que são práticas sociais de uso da linguagem utilizadas tanto no processo de ensino-aprendizagem como na divulgação e circulação de teorias e materiais de pesquisa. Você, acadêmico do curso de Letras, deve compreender esses gêneros com uma dupla finalidade: utilizá-los como aluno e também como objeto de ensino para seus aprendizes nos diferentes graus de escolaridade.

Atividades de autoavaliação

1. Considerando que o primeiro parágrafo de um resumo deve conter informações que orientem o leitor sobre os objetos do

resumo (título, autor, tema central), assinale a alternativa que melhor representa um parágrafo introdutório:

a. No texto "Português do Brasil *versus* Português de Portugal: as querelas", da obra *Tempos Linguísticos: itinerário histórico da língua portuguesa,* Fernando Luiz Tarallo faz um relato das opiniões de quatro escritores sobre a questão de haver uma ou duas línguas portuguesas.

b. No livro lido, o autor faz uma reflexão sobre o que se entende por preconceito linguístico.

c. À terminologia de Dahl, Wefort aponta a existência de sistema político dual, caracterizando-o como regime efetivo de participação política para os indivíduos socialmente integrados.

d. No artigo intitulado "Fazedores de deserto", que foi publicado na edição de 21 de outubro de 1901 do jornal O *Estado de São Paulo,* o escritor critica a forma de o homem agir ao tratar o ambiente em que vive.

2. Assinale o trecho em que o autor do resumo não deixa evidente que as informações dadas são de autoria do escritor do texto resumido:

a. Euclides da Cunha conclui, então, que fenômenos como mudanças climáticas são consequências naturais das diversas práticas persistentemente adotadas pelo homem com vistas a controlar a natureza.

b. Weffort sublinha que a marginalização político-social radica-se sobretudo em causas sociais.

c. O autor assinala as discrepâncias de opinião existentes entre José Pedro Machado e Cassiano Ricardo.

d. Segundo a visão sociolinguística, está se perdendo a perspectiva da finalidade da língua, a comunicação, em primazia da forma como essa comunicação é feita, como se fazer a concordância fosse mais importante do que saber com o que se está concordando.

3. Considere os seguintes parágrafos:

I. "A leitura do livro é agradável e seu autor demonstra grande conhecimento teórico e prático do assunto. Contudo, o livro também apresenta alguns erros que poderiam não existir se uma revisão cuidadosa tivesse sido feita, como, por exemplo, colocar o Brasil com emissões de CO_2 superiores às dos Estados Unidos" (Rebouças, 2004, p. 90).

II. "O autor, geólogo e pesquisador do Instituto de Estudos Avançados da Universidade de São Paulo, apresenta de forma muito clara dados relevantes e estudos de casos para as águas dos aquíferos subterrâneos, bem como excelentes estatísticas das perdas em irrigação" (Rebouças, 2004).

O trecho que melhor apresenta a parte de apreciação da obra resenhada é:

a. O parágrafo I, porque balanceia apreciações positivas e negativas.
b. O parágrafo II, pois utiliza adjetivos para qualificar as ações do texto resumido.
c. Os parágrafos I e II representam bons exemplos de apreciações em resenhas.
d. Nenhum dos parágrafos representa um bom exemplo de apreciação em resenha.

4. Considere os tipos de trechos a seguir e relacione-os à alternativa correspondente:

I. Trecho descritivo – resumo.
II. Trecho de comentários.
III. Trecho em que se mescla o resumo às apreciações.

( ) "Composto de duas partes, o livro perde capacidade analítica e riqueza de detalhes da primeira para a segunda. O leitor encontra na primeira etapa o ponto alto da narrativa – uma consistente descrição sobre os paralelos históricos [...]. Na segunda, embora haja uma descrição do que é viver na nuvem da internet, não existem respostas ou reflexões claras sobre o impacto da era da computação como serviço" (Revista Exame, 2008).

( ) "Pode-se dizer que é um texto feminino. Não porque a autora é uma mulher, mas pelo fato de ela escrever deixando lacunas à reflexão, espaços abertos à fecundação, ao engendramento e à invenção. Contudo, é também um texto viril, se se levar em conta a sustentação dos conceitos" (Caldas, citada por Chemin, 2014, p. 20).

( ) Segundo a concepção de Bakhtin, os gêneros são padrões relativamente estáveis de texto, do ponto de vista temático, estilístico e composicional, que se constituem historicamente pelo trabalho linguístico dos sujeitos nas diferentes esferas da atividade humana.

Marque a alternativa que corresponde à sequência correta:

a. III, I, II.
b. I, II, III.

c. III, II, I.
d. II, I, III.

5. Analise as afirmações a seguir e assinale a alternativa correta:
a. Em um resumo ou resenha, não é importante considerar o destinatário, uma vez que se trata de gêneros para uso pessoal em estudos.
b. A consideração do interlocutor na construção de um resumo é indispensável, uma vez que a seleção de informações será diferente em algumas mudanças de destinatário.
c. O *artigo científico* em nada tem a ver com os gêneros *resumo* e *resenha*, pois são produções completamente distintas.
d. O destinatário não influencia na produção do artigo científico, pois esse tipo de texto apresenta sempre o mesmo formato.

Atividades de aprendizagem

Questão para reflexão

Com o objetivo de refletir mais profundamente a respeito da confecção de gêneros da esfera acadêmica, leia a coleção produzida pelas pesquisadoras Anna Rachel Machado, Eliane Lousada, Lília Abreu-Tardelli: *Resumo, Resenha, Planejar gêneros acadêmicos* e *Trabalhos de pesquisa: diários de leitura para a revisão bibliográfica*. A leitura desse material auxiliará tanto nos trabalhos realizados no ambiente acadêmico quanto na preparação de aulas para diferentes séries escolares.

Atividade aplicada: prática

Leia o artigo de opinião a seguir e responda às questões propostas:

Por que a sinfônica não tem negros?

Eu assistia a um belo concerto da Orquestra Sinfônica Brasileira. Mas a concentração derrapou, e comecei a olhar para os músicos. Notei que não existiam negros ou mulatos dentre eles. Não há de ser por falta de talento, pois brilham em nossa música popular, e não haveria razões para pensar em uma falha genética prejudicando seu pendor para a música erudita.

Existem centenas de departamentos de música no ensino superior. Não obstante, com frequência os jornais noticiam a contratação de instrumentistas estrangeiros (sobretudo do Leste Europeu).

A resposta para tal enigma é muito simples. Como sabe qualquer professor de piano experiente, quem quer ser pianista tem de começar antes de 10 anos de idade. Começando mais tarde, pode desfrutar divinamente a convivência com o instrumento e entreter parentes, mas, para virar instrumentista, perdeu o bonde. Há uma programação no sistema nervoso que não espera. Ou acontece na idade certa, ou não acontece.

Não temos negros e quase não temos pobres na música erudita porque não há onde possam aprender instrumentos aos 7 anos de idade – Brasília e Tatuí e mais alguns programas paulistas são exceções neste enorme Brasil. Quem chega ao umbral da universidade sem mais de dez anos de experiência acumulada com o instrumento não poderá se beneficiar dela para se aperfeiçoar como músico. No Brasil, só começaram a tocar na idade certa os jovens de classe média, por causa da família. E, como existem poucos

Claudio de Moura Castro /Abril Comunicações S.A.

candidatos (em alguns casos, há tantos alunos quanto professores), os custos por aluno são altíssimos. Ou seja, é ineficaz e caro.

Quando as bandas de música eram mais numerosas, preparavam instrumentistas para os metais das sinfônicas. O próprio maestro Eleazar de Carvalho começou tocando tuba na banda de fuzileiros navais de Aracati.

O que foi dito para a música se aplica igualmente às áreas acadêmicas. Nelas, também há um relógio biológico que vai fechando as portas para o desenvolvimento cognitivo. Ao chegar à universidade, é tarde demais para consertar a devastação feita por um ensino que não conseguiu estimular nem exercitar a inteligência. Claro, existem sobreviventes que superam as deficiências de um ensino pobre. Mas são as exceções, como se pode verificar pela modestíssima proporção de pobres – brancos e negros – que chegam ao fim do ensino médio e pelo número ínfimo dos que podem enfrentar os vestibulares mais competitivos.

O MEC faria muito melhor se redirecionasse grande parte dos professores dos departamentos universitários de música para formar jovens instrumentistas a partir de 7 anos. Se fizesse isso, certamente suas vagas no ensino superior de música seriam preenchidas por futuros virtuosos e os cursos estariam cheios de alunos (no Conservatório Popular de Genebra há 22 alunos por professor). E, como os dons musicais não conhecem classe social, a música erudita poderia ser um magnífico canal de mobilidade para jovens pobres, de qualquer raça. Os países do Leste Europeu produzem tantos músicos clássicos justamente porque têm escolas para capturar os talentos mais jovens. As escolas públicas americanas, igualmente, oferecem formação instrumental desde muito cedo. Não há novidades, não há segredos.

> Novamente, o paralelo com o ensino acadêmico se impõe. Se o Estado cuidasse melhor do ensino fundamental, não seria necessário propor mecanismos compensatórios de penosa implementação para os candidatos ao ensino superior de origem mais pobre. Sem tirar os méritos de alguns mecanismos de cotas que vêm sendo propostos (como o da Unicamp), ou do apoio ao ensino médio (como na Universidade Federal de Santa Maria), serão sempre soluções paliativas beneficiando muito poucos, pois a maioria já ficou para trás.
>
> Se queremos que nossos médicos e violinistas de primeira linha venham de todas as classes sociais, é preciso que comece cedo seu aprendizado. O país deveria oferecer oportunidades para que desabrochassem plenamente os talentos precocemente detectados. O relógio biológico não espera os burocratas da educação.

FONTE: Castro, 2004.

a. Construa o primeiro parágrafo de uma resenha ou de um resumo do artigo lido. Não se esqueça de fornecer informações sobre o autor (nome e papel social), bem como de mencionar o título da obra, o veículo ou suporte em que foi publicado o texto lido, a data da publicação e o propósito central.

b. Faça um resumo da tese defendida pelo autor e dos argumentos utilizados para defendê-la.

c. Construa um parágrafo apreciativo sobre o texto lido.

considerações finais

A PROPOSTA DESTE livro foi, conforme apresentado na introdução, construir um material capaz de:

- fornecer o suporte necessário ao aluno do curso de Letras na solidificação de algumas teorias linguísticas aplicadas ao ensino de língua;
- possibilitar, assim, o início de sua apropriação dos discursos da área;
- desenvolver e incentivar, nesses estudantes, a capacidade criativa para questionar a teoria, aprimorá-la e pensá-la nos diferentes contextos de sala de aula;
- auxiliar os estudantes na construção de materiais pedagógicos para o ensino de língua. Materiais pautados na reflexão sistemática da prática docente com base em uma nova forma de entender a linguagem.

No primeiro capítulo, nosso foco foram conceitos caros ao ensino de língua: letramento, alfabetização, oralidade, gêneros textuais e tipo textual, e, a partir dessa discussão inicial, levar à reflexão sobre o ensino de língua materna com base na tradição gramatical *versus* o ensino pautado nas práticas sociais de usos reais da linguagem. Na seção relativa à prática pedagógica, passamos por ações pedagógicas que indicam uma ou outra concepção de linguagem e ensino de língua.

No segundo capítulo, discutimos os diferentes entendimentos das relações entre o oral e o escrito e seus reflexos no cenário educacional da língua portuguesa. Na seção "Pensando a prática pedagógica", vimos uma sugestão de trabalho com um gênero da oralidade pública, *entrevista de emprego*, e um gênero escrito, o *currículo*.

No terceiro capítulo, voltamos ao conceito de gênero textual e discorremos a respeito de um instrumento facilitador do ensino de língua com base nas práticas sociais de uso da linguagem: as sequências didáticas. Na seção "Pensando a prática pedagógica", conhecemos uma sugestão de trabalho pedagógico com o gênero textual *exposição oral de trabalho*.

No quarto capítulo, encontramos mais uma proposta de estudo da língua com base no gênero *argumentação* para as séries iniciais da educação básica. Vimos, entre outros assuntos, a importância de considerar a produção textual dentro de todo o processo de ensino-aprendizagem de língua.

No quinto capítulo, estudamos um pouco – apenas o suficiente para buscar um vasto mundo de informações – sobre os estudos da linguística textual.

No sexto capítulo, passamos pelo fenômeno da variação linguística e por uma proposta de prática pedagógica cuja temática é a história da língua portuguesa.

No sétimo e último capítulo, estudamos os principais gêneros da esfera acadêmica (*resumo, resenha, relatório* e *artigo científico*) e algumas estratégias para o desenvolvimento das habilidades necessárias à suas confecções.

Esperamos que, a partir daqui, você possa, de fato, começar a se apropriar dos discursos teóricos e ser capaz de construir uma prática pedagógica de ensino de língua coerente e crítica.

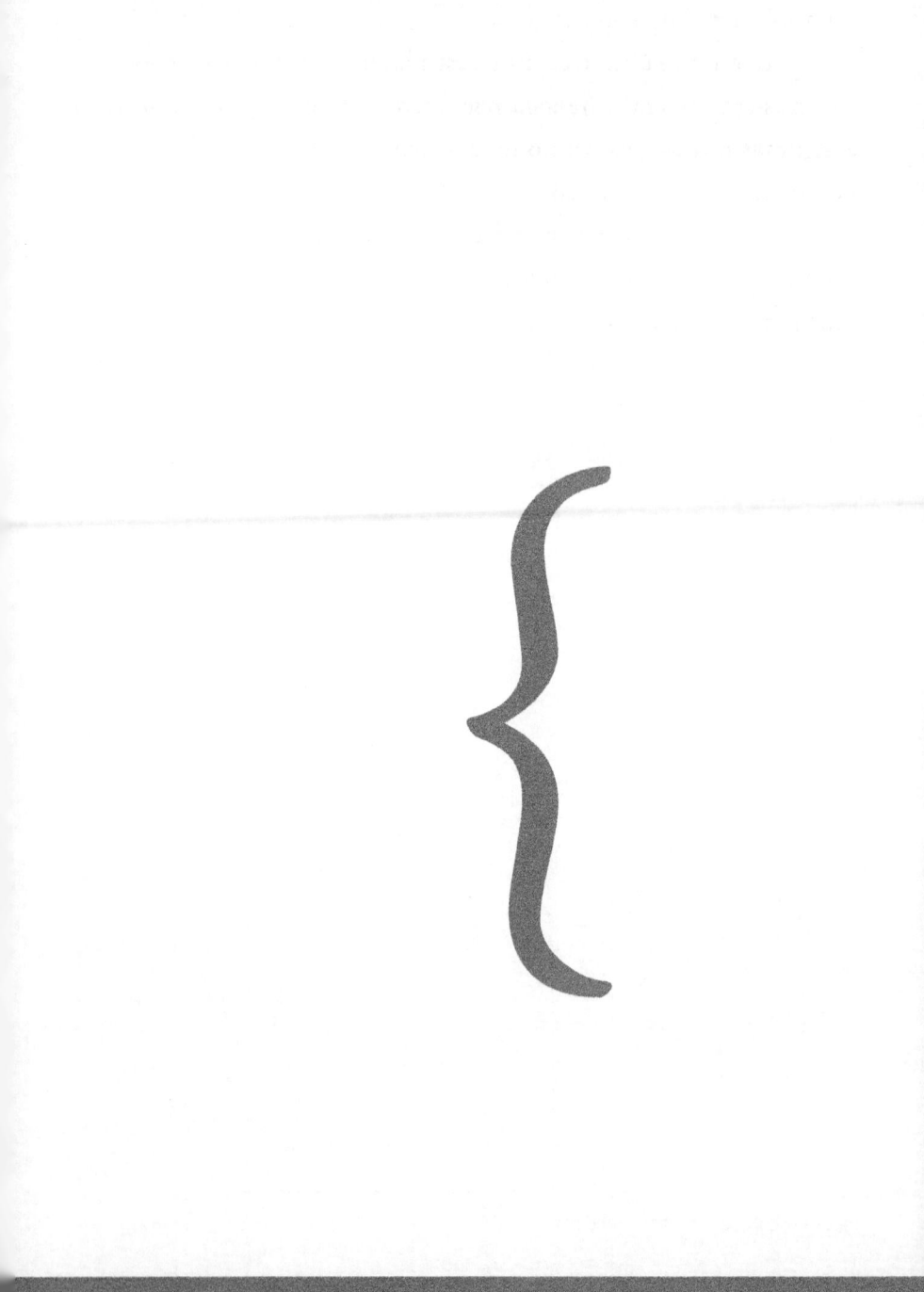

{

referências

ABNT – Associação Brasileira de Normas Técnicas. NBR 6022: informação e documentação. Artigo em publicação periódica científica impressa: apresentação. Rio de Janeiro, 2003.

ANDRADE, C. D. de. Procura de Poesia. In: ANDRADE, C. D. de. Reunião: 10 livros de poesia. Rio de Janeiro: Editora José Olympio, 1974, p. 76.

ANDRADE, O. de. Poesias reunidas. Rio de Janeiro: Civilização Brasileira, 1971.

ASSARÉ, P. do. Aos poetas clássicos. Releituras. Disponível em: <http://www.releituras.com/patativa_poetclassicos.asp>. Acesso em: 4 fev. 2014.

AUROUX, S. A revolução tecnológica da gramatização. Campinas: Ed. da Unicamp, 1992.

AUSTIN, J. L. How to do Things With Words. Oxford: Claredon Press. 1962.

BAGNO, M. A língua de Eulália: uma novela sociolinguística. São Paulo: Contexto, 2006.

BAGNO, M. Preconceito linguístico: o que é, como se faz. São Paulo: Edições Loyola, 2004.

BOURDOUKAN, G. Todos falamos o árabe. Caros Amigos, São Paulo, ano I, ed. 5, 1997.

BRASIL. Ministério da Educação. Secretaria de Educação Fundamental. Parâmetros curriculares nacionais: terceiro e quarto ciclos do ensino fundamental. Brasília, 1998. (Temas transversais).

BRONCKART, J. P. Atividades de linguagem, textos e discursos. São Paulo: Educ, 1999.

CASTILHO, A. T. de. Saber uma língua é separar o certo do errado? São Paulo: Museu da língua portuguesa, 2009. Disponível em: <http://www.museulinguaportuguesa.org.br/colunas_interna.php?id_coluna=16>. Acesso em: 27 out. 2013.

CASTRO, C. de M. Por que a sinfônica não tem negros? Revista Veja, São Paulo, out. 2004.

CHEMIN, B. F. Manual da Univates para trabalhos acadêmicos: I Resenhas, resumos, paráfrases e artigos acadêmicos. Disponível em: <www2.unifap.br/alexandresantiago/files/2012/03/Resumo_Resenha_Parafrases_ArtigosCientificos.pdf>. Acesso em: 11 mar. 2014.

CLARK, H. H. Using Language. Cambridge: Cambridge do Brasil, 1996.

COPE, B.; KALANTZIS, M. The Powers of Literacy: a Genre Approach to Teaching Writing. Pittsburgh: Falmer Press, 1993.

GNERRE, M. Linguagem, escrita e poder. 4. ed. São Paulo: M. Fontes, 1998.

GOUVEIA, C. A. M. Onze estudos no âmbito da linguística enunciativo-pragmática. Recensão crítica de FONSECA. F. I. Gramática e pragmática: estudos de linguística geral e linguística aplicada ao ensino do português. Porto: Porto Editora, 1994.

ILARI, R. O. Estruturalismo linguístico: alguns caminhos. In: MUSSALIM, F.; BENTES, A. C. (Org.). Introdução à linguística: fundamentos epistemológicos. São Paulo: Cortez, 2005. p. 53-92.

KLEIMAN, A. B. Modelos de letramento e as práticas de alfabetização na escola. In: KLEIMAN, A. B. (Org.). Os significados do letramento: uma nova perspectiva sobre a prática social da escrita. Campinas: Mercado de Letras, 1995.

KLEIMAN, A. B. A inter-ação pela linguagem. São Paulo: Contexto, 2003.

KOCH, I. G. V. Desvendando os segredos do texto. São Paulo: Cortez, 2002.

KOCH, I. V.; LIMA, M. L. C. Do cognitivismo ao sociocognitivismo. In: MUSSALIM, F.; BENTES, A. C. (Org.). Introdução à linguística: fundamentos epistemológicos. São Paulo: Cortez, 2005.

LABOV, W. Sociolinguistic Patterns. Philadelphia: University of Pennsylvania Press, 1972.

LÉVI-STRAUSS, C. Tristes trópicos. Tradução de Wilson Martins. São Paulo: Edições 70, 1957.

LIMA, F. R. O. A perspectiva discente do frame aula. Dissertação. (Mestrado em Linguística) – Universidade Federal de Juiz de Fora, Juiz de Fora, 2009.

LIMA, F. R. O.; MEDEIROS, C. Educação da oralidade: uma proposta para o ensino de língua materna. Monografia (Especialização em Ensino de Língua Portuguesa) – Universidade Federal de Juiz de Fora, Juiz de Fora, 2006.

LIMA, F. R. O.; PINHEIRO, R. M. M. Argumentação para as séries iniciais: uma proposta de sequência didática. Fólio – Revista de Letras,

Vitória da Conquista, v. 2, n. 1, p. 112-129, jan./jun. 2010. Disponível em: <http://periodicos.uesb.br/index.php/folio/article/viewFile/32/271>. Acesso em: 19 set. 2013.

LOBATO, J. B. M. Emília no país da gramática. Edição comentada. São Paulo: Globo, 2008.

LUFT, C. P. Língua e liberdade. Porto Alegre: L&PM, 1985.

MACHADO, A. R. A Perspectiva Interacionista Sociodiscursiva de Bronckart. In: MEURER, J. L.; BONINI, A.; MOTTA-ROTH, D. (Org.). Gêneros: teorias, métodos e debates. São Paulo: Parábola Editorial, 2005, p. 237-259.

MACHADO, A. R.; LOUSADA, E.; ABREU-TARDELLI, L. S. Resumo. São Paulo: Parábola, 2004.

MARCUSCHI, L. A. Da fala para a escrita: atividades de retextualização. São Paulo: Cortez, 2001a.

MARCUSCHI, L. A. Gêneros textuais: definição e funcionalidade. In: DIONÍSIO, A. P.; MACHADO, A. R.; BEZERRA, M. A. Gêneros textuais e ensino. Rio de Janeiro: Parábola, 2005a, p. 19-36.

MARCUSCHI, L. A. Letramento e oralidade no contexto das práticas sociais e eventos comunicativos. In: SIGNORINI, I. (Org.). Investigando a relação oral/escrito e as teorias do letramento. Campinas: Mercado de letras, 2001b, p. 23-50.

MARCUSCHI, L. A. Oralidade e ensino de língua: uma questão pouco "falada". In: DIONÍSIO, A. P.; BEZERRA, M. A. O livro didático de português: múltiplos olhares. Rio de Janeiro, Lucerna, 2005b, p. 21-34.

MEURER, J. L.; BONINI, A.; MOTTA-ROTH, D. (Org.). Gêneros: teorias, métodos, debates. São Paulo: Parábola, 2005. p. 337-359.

MINAS GERAIS (Estado), (2001). Avaliação da educação: relatório técnico do PROEB/SIMAVE-2000. Juiz de Fora: Secretaria Estadual de Educação.

MIRANDA, N. O caráter partilhado da construção da significação. Revista Veredas, EDUFJF, Juiz de Fora, v. 5, n. 1, p. 57-81, 2002.

MIRANDA, N. S. Educação da oralidade ou cala boca não morreu. Revista da Anpoll, Campinas, v. 1, n. 18, jan./jun. 2005. Disponível em: <https://revistadaanpoll.emnuvens.com.br/revista/article/view/445>. Acesso em: 5 dez. 2023.

NEVES, M. H. M. A gramática funcional. São Paulo: M. Fontes, 2001.

OLSON, D. R. O mundo no papel. Rio de Janeiro: Ática, 1997.

ONG, W. J. Oralidad y escritura. México: Fondo de cultura econômica, 1997.

PAGLIARO, A. A vida dos sinais. Torino: Eri, 1969.

PRADO, M. Algumas considerações sobre a importância das atividades de transformação de textos falados em textos escritos: a retextualização nas entrevista produzidas pelos alunos do sétimo ano. Disponível em: <http://www.escoladavila.com.br/refle_pedag/manuela%20prado_lpl.pdf>. Acesso em: 27 out. 2013.

REBOUÇAS, A. Uso inteligente da água. São Paulo: Escrituras editora, 2004. Resenha de: RIOS, R. I. Previsão pessimista com base em dados fiéis. Revista Ciência Hoje, edição 211, p. 86-87, dez. 2004.

REVISTA EXAME. A tecnologia será invisível, 21 fev. 2008. Disponível em: <exame.abril.com.br/revista-exame/edicoes/0912/notícias/a-tecnologia-sera-invisivel-m012288>. Acesso em: 11 mar. 2014.

REVISTA NOVA ESCOLA. São Paulo: Editora Abril, jan./fev. 2005.

SANT'ANNA, A. R. A pesca. São Paulo: Global Editora, 2007.

SAUSSURE, F. de. Curso de linguística geral. São Paulo: Cultrix, 2006.

SCHNEUWLY, B.; DOLZ, J. Gêneros orais e escritos na escola. Campinas: Mercado de Letras, 2004.

SEARLE, R. J. Speech Acts. Cambridge: Cambridge University Press, 1969.

SOARES, M. Letramento e alfabetização: as muitas facetas. Revista Brasileira de Educação, São Paulo, n. 25, jan./fev./mar./abr., 2004. Disponível em: <http://www.scielo.br/pdf/rbedu/n25/n25a01.pdf/>. Acesso em: 2 out. 2013.

SOARES, M. Letramento: um tema em três gêneros. Belo Horizonte: Autêntica, 1998.

STREET, B. V. Social Literacies: Critical Approaches to Literacy in Development, Ethnography and Education. London; New York: Longman, 1995.

TOMASELLO. M. The Cultural Origins of Human Cognition. Harvard University Press, 1999.

UNEB – Universidade do Estado da Bahia. Língua Portuguesa/Literatura Brasileira. Processo seletivo 2010 UNEB – Vestibular 2011. Bahia, 20 dez. 2009. Disponível em: <http://www.vestibular2011.uneb.br/wp-content/UNEB-1-20101-9H3.pdf>. Acesso em: 17 fev. 2014.

VAL, M. da G. C. Redação e textualidade. São Paulo: M. Fontes, 2006.

VARELLA, D. Estação Carandiru. São Paulo: Companhia das Letras, 1999.

VARELLA, D. Um pouco menos de hipocrisia. Carta Capital, 15 out 2011. Disponível em: <http://www.cartacapital.com.br/saude/um-pouco-menos-de-hipocrisia>. Acesso em: 3 dez. 2013.

VYGOTSKY, L. S. Pensamento e linguagem. São Paulo: M. Fontes, 1987.

bibliografia comentada

BAGNO, M. Português ou brasileiro: um convite à pesquisa. São Paulo: Parábola, 2001.

BAGNO, M. Preconceito linguístico: o que é, como se faz. São Paulo: Edições Loyola, 2004.

Essas obras do linguista Marcos Bagno são sugeridas para as discussões sobre variação linguística, preconceito linguístico e características do português brasileiro.

GNERRE, M. Linguagem, escrita e poder. 4. ed. São Paulo: M. Fontes, 1998.

Para aprofundar seu conhecimento sobre o papel da língua escrita em nossa sociedade, nessa obra o autor discute os mitos relativos à língua escrita e propõe uma importante reflexão sobre o real papel dessa modalidade.

MACHADO, A. R.; LOUSADA, E.; ABREU-TARDELLI, L. Resumo. São Paulo: Parábola, 2004.

MACHADO, A. R.; LOUSADA, E.; ABREU-TARDELLI, L. Resenha. São Paulo: Parábola, 2007.

Essas obras propõem uma sequência de atividades para o aprendizado das habilidades linguísticas necessárias à construção de resumos e resenhas acadêmicas.

MARCUSCHI, L. A. Da fala para a escrita: atividades de retextualização. São Paulo: Cortez, 2001.

Para aprofundar seu conhecimento sobre as questões referentes ao trabalho com os gêneros textuais e as relações entre as modalidades escrita e falada da língua, sugerimos a leitura dessa obra. Nela o autor apresenta discussões sobre o conceito de gênero textual, reflexões sobre o oral e o escrito e uma proposta de trabalho com retextualização.

NEVES, M. H. M. A gramática funcional. São Paulo: M. Fontes, 2001.

A obra é sugerida para proporcionar o estudo da gramática sob uma perspectiva linguística, bem como para refletir sobre o ensino dela nas aulas de língua portuguesa.

SOARES, M. B. Letramento: um tema em três gêneros. Belo Horizonte: Autêntica, 1998.

Para aprofundar as discussões apresentadas sobre as práticas sociais de uso da linguagem, sugerimos a leitura dessa obra, na qual a autora aborda discussões sobre letramento.

respostas

um

Atividades de autoavaliação

1. b
2. b
3. c
4. c
5. c

dois

Atividades de autoavaliação

1. b
2. a
3. b
4. b
5. b

três

Atividades de autoavaliação

1. c
2. a
3. c
4. a
5. d

quatro

Atividades de autoavaliação

1. a
2. c
3. c
4. a
5. d

cinco

Atividades de autoavaliação

1. d
2. d
3. c
4. a
5. a

seis

Atividades de autoavaliação

1. b
2. c
3. b
4. d
5. b

sete

Atividades de autoavaliação

1. a
2. d
3. c
4. c
5. b

sobre a autora

❰ FERNANDA RAQUEL OLIVEIRA LIMA é doutora (2014) e mestre (2009) em Linguística pela Universidade Federal de Juiz de Fora (UFJF), especialista (2007) em Ensino de Língua pela mesma instituição e graduada (2005) em Letras também pela UFJF. É professora desde os 17 anos, quando concluiu o curso de Magistério, e, desde então, nunca mais parou de lecionar: da pós-graduação ao ensino fundamental. Há oito anos atua como professora no Instituto Federal de Educação, Ciência e Tecnologia de São Paulo (IFSP).

Os papéis utilizados neste livro, certificados por instituições ambientais competentes, são recicláveis, provenientes de fontes renováveis e, portanto, um meio responsável e natural de informação e conhecimento.

FSC
www.fsc.org
MISTO
Papel | Apoiando o manejo florestal responsável
FSC® C103535

Impressão: Reproset